Traumatisierte Menschen begleiten

Empfehlungen

„Als uns neulich das Buch ‚Traumatisierte Menschen begleiten' begegnete, waren wir sofort begeistert. So etwas schwebte uns schon immer vor!

Durch unsere Arbeit in einem Flüchtlingsprojekt auf Sizilien wissen wir, dass praktisch jeder Flüchtling traumatisiert ist. Das Trauma ist oft sehr aktiv im Gehirn des Betroffenen, es erzeugt Flashbacks und Alpträume; die Betroffenen können sich nicht konzentrieren, nichts Neues aufnehmen. Dadurch ist der ganze Prozess der Integration in der neuen Umgebung behindert.

Hier kann die christliche Gemeinde helfen. Ohne die Rolle des Psychotherapeuten übernehmen zu wollen, können Christen Menschen mit Traumatisierung begleiten. In den beziehungsorientierten Kulturen, aus denen fast alle Migranten stammen, ist die Akzeptanz von ‚Laienhelfern' aus dem Verwandten- oder Bekanntenkreis, die bereits eine Beziehung zum Betroffenen haben, ohnehin viel höher als die eines fremden Psychotherapeuten. Dies spricht für die Einbettung der Traumabegleitung in den Kontext der christlichen Gemeinde.

Dazu ist es wichtig für die Traumabegleiter, die Prozesse, die sich im Gehirn des Betroffenen abspielen, zu verstehen, um weise helfen zu können. ‚Traumatisierte Menschen begleiten' gibt wichtige und unbedingt notwendige Hilfestellungen für den Umgang mit solchen Menschen.

Das Buch ist sehr ausgewogen, es ist eine fachlich fundierte Sammlung aller relevanten Themen in leicht verständlicher Sprache, die freilich noch dem Einzelfall angepasst werden muss. Gelungen finden wir auch das Fallbeispiel der Familie, das sich durch alle Kapitel zieht.

Wir wünschen ‚Traumatisierte Menschen begleiten' eine weite Verbreitung. Dieses im deutschsprachigen Raum wohl einzigartige Buch kann dazu beitragen, dass die Gemeinde Jesu das wird, was sie sein soll: eine heilende Gemeinschaft!"

Dr. Andreas Rüggeberg, Facharzt für Psychiatrie und Psychotherapie
Dr. Ulrike Rüggeberg

„Dieses Buch hat Gemeinden und christlichen Gruppen weltweit geholfen, traumatisierten und leidenden Menschen liebevoll und kompetent zu begegnen. Es gibt praktische Hilfen an die Hand, um Menschen durch Schlimmes zu begleiten. Von Fachleuten auf solidem Glaubensfundament und mit Blick auf die Möglichkeiten des Laienhelfers entwickelt, ist dieses Konzept eine runde Sache. Die deutsche Übersetzung berücksichtigt besonders die Bedürfnisse von Flüchtlingen in unserem Land. Dem interessierten Gemeindemitarbeiter bietet das Buch auch für die Begleitung von Menschen in vielen anderen Leiderfahrungen wertvolle Ressourcen."

Dr. Frauke Schäfer, Fachärztin für Psychiatrie und Psychotherapie

Harriet Hill, Margaret Hill,
Richard Baggé, Pat Miersma

Traumatisierte Menschen begleiten

Ein Arbeitsbuch für christliche Gemeinden

TRAUMATISIERTE MENSCHEN BEGLEITEN. Ein Arbeitsbuch für christliche Gemeinden

Originaltitel: *Healing the Wounds of Trauma: How the Church Can Help*

© 2018 Harriet Hill, Margaret Hill, Richard Baggé, Pat Miersma

Zweite Auflage

Übersetzung: Ruth Waweru, Andreas Holzhausen, Gabi Weber und Uschi Lautenschlager

Psychologische/psychiatrische Überarbeitung: Dr. Frauke Schäfer, Fachärztin für Psychiatrie und Psychotherapie (USA); Dr. Andrea Schwalb, Fachärztin für Kinder- und Jugendpsychiatrie, Psychotherapie, Psychotraumatologie; Dr. med. Andreas Rüggeberg, Facharzt für Psychiatrie und Psychotherapie; Dr. med. Ulrike Rüggeberg, Ärztin; Gerhard Burbach, Therapeut für Systemische Familientherapie

Islamwissenschaftliche Überarbeitung: Dr. Eberhard und Brigitte Werner, Ali Nabhani

Lektorat: Elke Meier, Melanie Reimer, Wolfgang Römer, Julia Kandasamy, Mette Lilienthal

Koordination und Anpassung: Uschi Lautenschlager

Layout: Peter Edman

Illustrationen: Ian Dale

Soweit nicht anders angegeben, wurden Bibelzitate der *Gute Nachricht Bibel* entnommen. © 1997 Deutsche Bibelgesellschaft. Bibelzitate aus *Hoffnung für alle* wurden mit HfA markiert. © 2015 Biblica, Inc.®

Aus Gründen der besseren Lesbarkeit wurde im Text manchmal nur die männliche Form gewählt. Die Aussagen gelten jedoch für Angehörige beider Geschlechter.

Mit dem Symbol ▲ von Wilson Joseph (The Noun Project) werden Handlungsanweisungen für den Gruppenleiter angezeigt.

Für Informationen zu Seminaren und darüber, wie dieses Buch eingesetzt werden kann, schreiben Sie bitte an dff@wycliff.de.

Bibliografische Information der Deutschen Nationalbibliothek:
Die Deutsche Nationalbibliothek verzeichnet diese Publikation in der Deutschen Nationalbibliografie; detaillierte bibliografische Daten sind im Internet über http://dnb.dnb.de abrufbar.

ISBN 978-3-75285-943-0

Wycliff e.V.
Siegenweg 32
57299, Burbach
Deutschland

Herstellung und Verlag:
BoD – Books on Demand, Norderstedt

INHALTSVERZEICHNIS

(Die fettgedruckten Kapitel sind Kernlektionen.)

"

Jesus sagte:

»Kommt alle her zu mir, die ihr euch abmüht und unter eurer Last leidet!
Ich werde euch Ruhe geben. Vertraut euch meiner Leitung an und lernt von mir,
denn ich gehe behutsam mit euch um und sehe auf niemanden herab.
Wenn ihr das tut, dann findet ihr Ruhe für euer Leben.
Das Joch, das ich euch auflege, ist leicht,
und was ich von euch verlange, ist nicht schwer zu erfüllen.«

Matthäus 11,28–30 (HfA)

VORWORT

Vorwort zur zweiten Auflage

Nach vier Monaten schon eine neue Auflage! Nach dem großen Erfolg der ersten Auflage kommt nun bereits eine zweite, verbesserte Version. Diese Neubearbeitung ist dem kulturellen Denken in muslimischen Ländern noch besser angepasst. Sie enthält Beispiele und Verse aus dem Wort Gottes, die für Menschen mit muslimischem Hintergrund bekannt oder leichter verständlich sind. Die Lektionen wurden zum Teil umstrukturiert, sodass Zusammenhänge klarer werden. Manche Abschnitte wurden gekürzt oder gestrichen und andere dafür neu geschrieben.

Ich bin überzeugt, dass diese revidierte Auflage für die Arbeit mit Flüchtlingen noch besser geeignet ist als die erste. Gott gebrauche das Buch in der Weise, dass Menschen heil und gesegnet werden!

Uschi Lautenschlager

Vorwort zu beiden Auflagen

Viele Menschen unserer Zeit erleben Krieg, ethnische Konflikte, Flucht, Überschwemmungen, Autounfälle, häusliche Gewalt oder Kriminalität, und viele leiden deshalb unter seelischen Verletzungen.

Dieses Buch richtet sich an alle, die anderen – insbesondere geflüchteten Menschen – helfen wollen, ihre schlimmen Erfahrungen zu verarbeiten. Jede Lektion stellt dar, was das Wort Gottes und die Psychologie zur Linderung von emotionalen Verletzungen zu sagen haben. Das Buch ist auch für Muslime geeignet, die dem christlichen Glauben gegenüber offen sind.

Viele Abschnitte im Wort Gottes sprechen das Thema *Leiden* an. Die Autoren der Psalmen reden z.B. über ihre Gefühle im Leid. Das Buch Hiob zeigt, dass auch jemand, der nichts Böses getan hat, unter Umständen leiden muss. Die Autoren der Briefe im Neuen Testament schreiben viel über das Leiden von Gläubigen. Diese Verse zeigen uns, wer Gott ist und wie Er leidenden Menschen begegnet. Schon das kann die Heilung unserer seelischen Verletzungen fördern.

Die Autoren des Buches entwickelten das Programm „Traumatisierte Menschen begleiten" nach folgenden Prinzipien:

- Grundlage zur Traumabewältigung sind die Aussagen des Wortes Gottes sowie Einsichten der Psychologie.
- Wir passen das Buch und das Programm der lokalen Situation an.
- Wir testen das Material mit Menschen und revidieren unsere Methoden so lange, bis sie einer Situation wirklich gerecht werden.
- Wir bilden Menschen vor Ort aus, um Gruppen oder Seminare zu leiten, die auf diesem Programm basieren.
- Wir arbeiten eher mit Gruppen als mit einzelnen Personen.
- Die Kurse sind sehr interaktiv, weil die Teilnehmer am besten lernen, wenn sie aktiv beteiligt sind, und weil dies den Heilungsprozess fördert.
- Unser Ziel ist, dass Gruppen und Gemeinden eigenständig Kurse zur Traumabewältigung durchführen können.
- Wir ermutigen Organisationen und Gemeinden zusammenzuarbeiten, um den vielen Menschen zu helfen, die an seelischen Verletzungen leiden.

Wie man dieses Buch verwenden kann

Der Inhalt des Buches sollte von Kursleitern vermittelt werden, die im Rahmen dieses Programms zur Traumabewältigung ausgebildet wurden. Nicht jedes Kapitel und nicht jede Fragestellung wird für jede Gruppe oder jeden traumatisierten Menschen relevant sein. Passen Sie das Programm also Ihrer Zielgruppe an. Kapitel 1–3, 8 und 9 sind Kernlektionen.

Normalerweise startet das Programm mit einem Treffen von Leitern, bei dem man über die Notwendigkeit der Traumabewältigung spricht und erklärt, wie das Programm funktioniert. Wenn beschlossen wird, dass es in einer Organisation durchgeführt werden soll, wird ein Seminar veranstaltet, in dem zukünftige Kursleiter lernen, wie man mit diesem Buch arbeitet.

Nach diesem Seminar (3–4 Tage) setzen die Teilnehmer um, was sie gelernt haben und arbeiten die Lektionen mit kleinen Gruppen von 6–10 emotional verletzten Menschen durch. Nach 6–10 Monaten treffen sich die Kursleiter noch einmal zu einem Aufbaukurs. Sie tauschen sich aus über das, was gut lief in den Gruppen, die sie leiteten, und über Probleme, die aufgetreten sind. Während dieses Seminars haben sie noch einmal Gelegenheit, sich im Unterrichten und im Zuhören zu üben. Am Ende des Seminars sollten sie fähig sein, Menschen mit seelischen Verletzungen in ihrer Gemeinschaft zu begleiten.

Dieses Buch soll allerdings kein Ersatz für professionelle Hilfe durch Psychologen, Psychiater oder Therapeuten sein. Vielmehr soll es Laien Hilfestellungen geben, die traumatisierten Menschen in ihrem Umfeld oft hilflos gegenüberstehen. Sie sollen befähigt werden, Menschen mit emotionalen Verletzungen bei ihren Schritten auf dem Weg zur inneren Heilung zu begleiten.

Die Leiter der Gruppen sollten von der Liebe Gottes inspiriert und motiviert sein. Freundschaften pflegen, schöne Dinge unternehmen, gehört werden und Anteilnahme erleben sind ebenso wichtige Erfahrungen wie die Gespräche, Übungen und Aktivitäten im Kurs.

Wir gehen davon aus, dass die Leiter respektvoll mit den Teilnehmern umgehen, unabhängig von deren Religion oder Lebensphilosophie.

Andere Materialien

Handbuch für Kursleiter. Es bietet viele zusätzliche Tipps und praktische Hilfen zur Durchführung eines Traumabewältigungskurses und erscheint voraussichtlich Ende 2018.

Das vorliegende Buch lehnt sich weitgehend an die englische Fassung des Buches *Healing the Wounds of Trauma* vom *Trauma Healing Institute* in Philadelphia an.

Das *Trauma Healing Institute* betreibt eine Webseite, auf der man Informationen über Kurse und viele zusätzliche Ressourcen finden kann. Dort kann man sich auch mit anderen Kursleitern vernetzen: **TraumaHealingInstitute.org**.

Weitere Sprachen, in denen dieses Buch erschienen ist:

- **Naher Osten und Nordafrika:** Arabisch, Farsi, Sorani, Türkisch
- **Afrika:** Acholi, Amharisch, Hausa, Kinyarwanda, Kirundi, Lingala, Siswati, Suaheli, Tiv
- **Europa:** Dänisch, Englisch, Französisch, Niederländisch, Portugiesisch, Rumänisch, Spanisch
- **Asien:** Bengali, Chinesisch, Hindi, Koreanisch, Nepali, Singhalesisch, Tamil, Vietnamesisch

---

WARNHINWEIS:
Dieses Buch ist nicht geeignet zur Diagnostik, Behandlung oder Heilung von Krankheiten. Wenn Sie es benutzen, erkennen Sie an, dass Sie dies verstanden haben.

Lektion 1.

WARUM GIBT ES LEID AUF DER WELT?

1. Geschichte: Endlich im Land der Hoffnung!

Esther, deren Mann auf der Flucht gefangen genommen worden war, nahm mit ihren drei Kindern an der Silvesterfeier teil. Ihr Sohn Jonathan war ein hochgewachsener Fünfzehnjähriger, ihre Tochter Jaqueline war gerade elf geworden und ihr Sohn Jakob war erst fünf. Nachdem sie viel Not in ihrem Heimatland und in den Flüchtlingscamps erlebt hatten, waren die vier endlich im Land der Hoffnung angekommen.

Die zuständige Flüchtlingsorganisation brachte sie in einer Wohnung mit fünf Zimmern unter. Die Wohnung war schöner als alle, in denen sie bisher gewohnt hatten. Es gab immer fließend Wasser und der Strom fiel nie aus. Ihre Nachbarn, Paul und Maria, wohnten schon lange im Land der Hoffnung und waren immer bereit, ihnen zu helfen. Esther hatte noch nie außer Haus gearbeitet, nahm aber all ihren Mut zusammen und fand Arbeit in einer Fabrik. Die Kinder begannen mit der Schule und lernten die Sprache im Handumdrehen, während Esther mit jedem Wort zu kämpfen hatte.

Sie vermisste ihr Heimatland. Sie vermisste ihren starken Ehemann Gabriel. Aber er würde es sicher auch bald ins Land der Hoffnung schaffen.

Während sie darauf warteten, dass die Feierlichkeiten begannen, plauderte Esther mit anderen Flüchtlingen und mit Anna, einer Dame, die geflüchtete Menschen in der Gemeinde willkommen hieß. Plötzlich gab es eine Explosion. Esthers Herz raste wie wild. Es war, als könne sie den Angriff in ihrem Heimatland noch einmal bis ins Detail riechen und fühlen – das Geräusch der Bomben, der Gewehre, das Durcheinander und wie Jonathan gerufen hatte: „Sie haben Papa mitgenommen!" Sie waren in die Nacht hinausgerannt. Sie waren um ihr Leben gerannt. Schließlich waren sie weiter und weiter gegangen, bis sie zusammen das Nachbarland erreicht hatten.

Anna lachte: „Ist doch nur ein Feuerwerk, Esther!" Esther war verwirrt und schämte sich. Schnell ging sie mit ihren Kindern nach Hause.

Paul und Maria gingen ihnen nach. „Ihr seid jetzt in Sicherheit", sagte Paul, „Gott wird sich um euch kümmern." Esther erwiderte: „Wirklich? Gott passt auf mich auf? Warum hat er dann zugelassen, dass meiner Familie das alles passierte? Mein ganzes Leben lang habe ich zu ihm gebetet. Warum hat er uns nicht beschützt? Vielleicht sind die Geschichten der Alten, dass Gott uns verlassen hat, ja doch wahr! Vielleicht ist es ihm ja doch egal! Oder er ist zu schwach, um das Böse zu stoppen!"

Esther hatte solche Gedanken noch nie laut ausgesprochen und schämte sich jetzt. Doch Gott schien so weit entfernt zu sein und so grausam wie ihr Onkel, der sie aufzogen hatte, nachdem ihr Vater gestorben war.

✺ FRAGEN FÜR DIE DISKUSSIONSRUNDE

> ▸ Welche Gefühle hat Esther im Moment? Welche Gefühle hat sie Gott gegenüber?
> ▸ Warum fühlt Esther so? Was denken Sie?
> ▸ Kennen Sie selbst auch solche Gefühle?

2. An welche Eigenschaften Gottes sollten wir besonders denken, wenn wir leiden?

Wenn uns etwas Schlimmes passiert, versuchen wir, den Sinn dahinter zu verstehen. Was uns die Heilige Schrift über Gottes Charakter sagt, kann sich von dem unterscheiden, was wir in unserer Kultur über Gott gelernt haben. Was uns schon als Kinder beigebracht wurde, kommt uns oft zuerst in den Sinn und bringt uns dazu, an Gottes Güte zu zweifeln.

✺ DISKUSSION IN KLEINGRUPPEN

> ▸ Wie denken die Menschen in Ihrer Gesellschaft über Gott, vor allem wenn ihnen etwas Schlimmes passiert? Und wie denken Sie?

👤 Sammeln Sie die Beiträge in der großen Gruppe und schreiben Sie sie für alle Beteiligten auf eine Tafel, eine Flipchart oder ähnliches.

Manchmal wird mehr darüber geredet, dass Gott uns bestraft, wenn wir sündigen, als darüber, wie sehr Er uns liebt. Vielleicht sagt man uns, wir würden leiden, weil wir Gott nicht gehorcht oder nicht genug geglaubt haben, oder weil wir uns nicht genug bemüht haben, Ihm zu gefallen. Vielleicht haben wir auch gehört, dass Gott allen, die Ihm gehorchen, Gesundheit und Reichtum schenkt. Dann fühlen wir uns wahrscheinlich schuldig, wenn wir leiden. Schauen wir einmal in der Heiligen Schrift nach, wie Gott ist und wie Er zu uns steht, wenn wir Leid erleben.

✪ **DISKUSSION IN KLEINGRUPPEN**

Jede Tischgruppe liest einen der folgenden Abschnitte aus Gottes Wort und spricht dann über die unten aufgeführten Fragen.

Psalm 34,19	Matthäus 9,35–36
Psalm 103, 8–10	Sprüche 6,16–19
Jesaja 41,10	Psalm 9,10–11

▸ Was lernen Sie aus diesen Versen über Gottes Charakter und seine Beziehung zu uns?

▸ Was ist ähnlich und was ist anders als Ihr traditionelles Gottesbild?

👤 In der großen Gruppe sollte dann jeder Vers laut vorgelesen werden. Vergleichen Sie die Aussagen des Wortes Gottes mit dem, was Sie bisher über Gott gelernt haben.

A. Psalm 34,19

Wenn sie verzweifelt sind und keinen Mut mehr haben, dann ist er ihnen nahe und hilft.

Gott ist bewegt von unserem Leid. Er reicht den Hoffnungslosen Seine helfende Hand. Das sehen wir zum Beispiel bei Josef, der von seinen Brüdern in den Brunnen geworfen und zum Sterben zurückgelassen wurde. Gott rettete ihn. Er vergaß Josef auch nicht, als er von der Frau Potifars fälschlicherweise angeklagt und ins Gefängnis geworfen wurde. In jeder Notlage war Gott Josef nahe. (1. Mose Kapitel 37–50)

Gott ist bei uns, auch dann, wenn wir uns einsam fühlen!

B. Psalm 103,8–10

Barmherzig und gnädig ist der HERR, *groß ist seine Geduld und grenzenlos seine Liebe! Er beschuldigt uns nicht endlos und bleibt nicht für immer zornig. Er bestraft uns nicht, wie wir es verdienen; unsere Sünden und Verfehlungen zahlt er uns nicht heim.* (HfA)

Weil Gott voller Gnade und Erbarmen ist, bestraft Er uns nicht so für unsere Sünden, wie wir es verdient hätten. Er hat Geduld mit uns.

Gott ist gnädig und barmherzig!

C. Jesaja 41,10

Fürchte dich nicht, ich stehe dir bei! Hab keine Angst, ich bin dein Gott! Ich mache dich stark, ich helfe dir, ich schütze dich mit meiner siegreichen Hand!

Wenn wir Angst haben, können wir uns bewusst machen, dass Gott immer bei uns ist, so wie Er mit Hagar in der Wüste war. Sie nannte ihren Sohn Ismael, was bedeutet „Gott hört". Das zeigt uns, dass Gott uns sogar mitten in Schande, Scham und Ablehnung hört und uns beisteht. In Josua 1,5 steht: *"Ich werde dir dein Leben lang zur Seite stehen, genauso wie ich Mose zur Seite gestanden habe. Niemals werde ich dir meine Hilfe entziehen, nie dich im Stich lassen."*

Gott wird uns nicht im Stich lassen!

D. Matthäus 9,35–36

Jesus zog durch alle Städte und Dörfer. Er lehrte in den Synagogen und verkündete die Gute Nachricht, dass Gott jetzt seine Herrschaft aufrichtet und sein Werk vollendet. Er heilte alle Krankheiten und Leiden. Als er die vielen Menschen sah, ergriff ihn das Mitleid, denn sie waren so hilflos und erschöpft wie Schafe, die keinen Hirten haben.

Jesus ging zu leidenden Menschen. Er brachte ihnen die Gute Nachricht, hatte Mitgefühl mit ihnen und heilte sie.

Jesus leidet mit uns und fühlt unseren Schmerz!

E. Sprüche 6,16–19

Sechs Dinge sind dem HERRN verhasst, und auch das siebte verabscheut er:
Augen, die überheblich blicken;
eine Zunge, die Lügen verbreitet;
Hände, die unschuldige Menschen töten;
ein Herz, das finstere Pläne schmiedet;
Füße, die schnell laufen, um Böses zu tun;
ein Zeuge, der falsche Aussagen macht;
ein Mensch, der Freunde gegeneinander aufhetzt. (HfA)

Nicht alles, was passiert, entspricht dem Willen Gottes. Gott hasst das Böse und die Ungerechtigkeit und er kann Sünde nicht ausstehen.

Gott hasst das Böse und die Ungerechtigkeit!

F. Psalm 9,10–11

Die Unterdrückten finden Zuflucht bei Gott, in schwerer Zeit ist er für sie wie eine sichere Burg. HERR, wer dich kennt, der vertraut dir gern. Denn wer sich auf dich verlässt, der ist nie verlassen. (HfA)

Gott ist unsere Zuflucht in schwierigen Zeiten, Er ist ein zuverlässiger Helfer in aller Not (Psalm 46,2).

Er ist wie ein Anker, der das Schiff festhält, wenn der Wind und die Wellen toben.

Gott ist unsere Zuflucht! In schwierigen Zeiten hilft er uns.

3. Welche persönlichen Erfahrungen machen es uns schwer an Gottes Güte zu glauben?

A. Es ist schwer an Gottes Güte zu glauben, wenn unsere geistlichen Leiter sich nicht klar gegen das Böse und die Ungerechtigkeit aussprechen

Wenn geistliche Leiter sich nicht klar gegen die Ungerechtigkeit stellen und Unterdrückten nicht helfen, verlieren wir vielleicht die Hoffnung, dass sich etwas ändert. Dann beginnen wir daran zu zweifeln, dass Gott sich um Menschen in Not kümmert oder dass Er immer noch alles unter Kontrolle hat.

B. Es ist schwer an Gottes Güte festzuhalten, wenn wir unseren Glauben nicht stärken

Wenn wir in Gottes Wort lesen und uns täglich Zeit zum Beten nehmen, erfahren wir die Wahrheit über Gott immer tiefer. Diese Wahrheit macht uns frei von den Lügen Satans. Wenn wir uns nicht regelmäßig treffen, um auf Gottes Wort zu hören, zu beten und Gemeinschaft zu haben, wird es uns in einer Notlage viel schwerer fallen, an Gottes Güte zu glauben.

Ein liebender Vater

C. Es ist schwer, an Gottes Güte zu glauben, wenn wir in der Kindheit keine Liebe von unseren Eltern erfahren haben

Kinder brauchen das Gefühl der Sicherheit und der Geborgenheit. Wenn wir in unserer Kindheit negative Erfahrungen gemacht haben, fällt es uns vielleicht später schwer Gott zu vertrauen. Wenn wir zum Beispiel ohne Vater oder Mutter aufgewachsen sind oder wenn unser Vater oft wütend auf uns war, denken wir möglicherweise, dass Gott uns auch verlassen hat oder dass Er immer wütend auf uns ist.

 **DISKUSSION IN 2er-GRUPPEN**

- ▶ Denken Sie über Ihren eigenen Vater nach. Fühlten Sie sich als Kind geliebt?
- ▶ Wie beeinflusst die Erfahrung mit Ihrem irdischen Vater Ihre Erfahrungen mit Gott, der wie ein guter, himmlischer Vater ist?

4. Woher kommt das Leid in der Welt?

 **DISKUSSION IN DER GROSSEN GRUPPE**

- ▶ Wie kamen das Böse und das Leid in die Welt? Was sagt man in Ihrem Umfeld darüber?

Schauen wir nach, was die Heilige Schrift dazu sagt.

A. Satan rebellierte gegen Gott und versucht andere zum Rebellieren zu bringen

Satan rebellierte gegen Gott, und er will so viele Menschen wie möglich dazu bringen, sich auch gegen Gott zu stellen (Lukasevangelium 22,31 und 1. Petrusbrief 5,8–9). Satan ist ein Lügner und Mörder (Johannesevangelium 8,44). Alle, die auf ihn hören, werden lügen, töten und zerstören.

B. Adam und Eva entschieden sich Gott nicht zu gehorchen

Gott hat die Menschen erschaffen und ihnen die Freiheit gegeben, sich für das Gute oder für das Böse zu entscheiden. Adam und Eva sind die Vorfahren aller Menschen. Sie entschieden sich Gott nicht zu gehorchen. So kamen das Böse, der Tod, Angst und Scham in die Welt (1. Mose 3,1–24). Das Wort Gottes sagt, dass jetzt alle Menschen und die ganze Schöpfung mit den Folgen dieser Entscheidung leben müssen (Römerbrief 5,12;

8,20–22). Diese Folgen zeigen sich z.B. im Verhalten der Menschheit, in Naturkatastrophen, in Krankheiten und in vielem anderen mehr.

C. Gott lässt uns die Freiheit selbst zu entscheiden, ob wir Ihm gehorchen wollen oder nicht

Wir alle haben die Wahl, uns für das Gute oder für das Böse zu entscheiden. Es tut Gott weh, wenn wir gegen seinen Willen handeln, aber Er lässt uns die Freiheit, eigene Entscheidungen zu treffen (Matthäusevangelium 23,37b und Römerbrief 3,10–12). Manchmal fällen andere Menschen schlechte Entscheidungen und wir müssen an den Folgen leiden, obwohl wir Gott gehorsam waren (1. Petrusbrief 2,20–22 und 3,14–17).

✺ **DISKUSSION IN KLEINGRUPPEN**

> ▸ Welche dieser Ursachen für das Böse und für Leid überrascht Sie am meisten?
> ▸ Welche Ursache ist am schwierigsten zu verstehen?

5. Kann Gott durch Leid auch Gutes bewirken?

Böses ist böse, aber es gibt nichts, was Gott nicht zum Guten wenden könnte. Er wird immer das letzte Wort haben.

Wir können nicht erklären, warum Gott zulässt, dass wir leiden. Und selbst wenn wir es könnten, würde der Schmerz dadurch nicht verschwinden. Dennoch ist es hilfreich darüber nachzudenken, dass Leid auch Positives bewirken kann.

✺ **DISKUSSION IN KLEINGRUPPEN**

> ▸ Welche positiven Auswirkungen kann Leid haben?

Hier sind einige Verse aus der Heiligen Schrift zum Nachdenken:

Verse	Gedanken
2. Korintherbrief 1,4	

1. Mose 50,18–20	
1. Petrusbrief 1,6–7	
Offenbarung 21,4	

A. Gott tröstet uns in unserem Leid; dadurch lernen wir andere zu trösten

Gott tröstet uns, wenn wir leiden. Er hält uns in seinen Armen (Jesaja 40,11) und tröstet uns durch sein Wort (Psalm 119,50+92). Den gleichen Trost können wir dann an andere weitergeben, wenn sie leiden (2. Korintherbrief 1,4).

B. Gott kann aus Bösem etwas Gutes entstehen lassen

Josef wurde von seinen Brüdern in die Sklaverei verkauft. Aber Gott gebrauchte diese Situation, um die Israeliten in der Hungersnot zu retten (1. Mose 50,18–20).

Manchmal lässt Gott Dinge zu, die wir nicht verstehen. Aber auch dann können wir Ihm vertrauen (Römerbrief 8,28; 11,33–36).

C. Gott stärkt unseren Glauben durch Leid

Leiden stärkt unseren Glauben (Römerbrief 5,3-5; Jakobusbrief 1,2-4; Psalm 119,71).

Wenn Gold über einem starken Feuer geschmolzen wird, kommen alle kleinen Schmutzpartikel an die Oberfläche. Dort können sie dann abgeschöpft werden. Es bleibt reines Gold zurück (1. Petrusbrief 1,6–7).

Leid ist wie Feuer. Es ist schmerzhaft, aber es führt dazu, dass unser Glaube an Gott belebt und gestärkt wird.

D. Leiden bewirkt, dass wir uns nach dem neuen Himmel und der neuen Erde sehnen

Eines Tages wird Gott das Böse und das Leid vollständig wegnehmen (Jesaja 65,25). In Offenbarung 21,4 steht: Gott wird alle Tränen abwischen. Es wird keinen Tod mehr geben und keine Traurigkeit, keine Klage und keinen Schmerz. Was einmal war, ist dann für immer vorbei. Leiden bewirkt, dass wir uns nach dem ewigen Leben sehnen (2. Korinther 4, 16–18). Am Ende wird Satan endgültig besiegt sein (Offenbarung 20,10).

 **DISKUSSION IN KLEINGRUPPEN**

▸ Wie ist Gott Ihnen im Leid begegnet?

ABSCHLIESSENDE ÜBUNG: GOTTES LIEBE ERFAHREN

1. Suchen Sie eine bequeme Position und einen Punkt, auf dem Sie Ihren Blick ruhen lassen, oder schließen Sie die Augen. Hören Sie jetzt auf den folgenden Vers aus Gottes Wort: *Der Herr sagt: »Bringt eine Mutter es fertig, ihren Säugling zu vergessen? Hat sie nicht Mitleid mit dem Kind, das sie in ihrem Leib getragen hat? Und selbst wenn sie es vergessen könnte, ich vergesse euch nicht!«* (Jesaja 49,15)

   Gott liebt uns so sehr wie eine Mutter ihr Baby liebt. Erkennen Sie die Liebe in Seinen Augen, während Er Sie ansieht. Lassen Sie dann die folgenden Verse auf sich wirken:

   Psalm 103,13 (HfA)   Zefanja 3,17
   Jeremia 31,3   1. Johannes 4,16

2. Hören Sie auf Ihr Herz: Haben Sie Zweifel an Gottes Liebe? Falls ja, sprechen Sie mit Gott darüber.
3. Singen Sie ein paar Lieder von Gottes Liebe (z.B. „Vater deine Liebe ist so unbegreiflich groß").

Lektion 2.

HEILUNG FÜR SEELISCHE VERLETZUNGEN

1. Geschichte: Gabriel kommt an

Nach drei Jahren Warten und Hoffen kam endlich der Freudentag, an dem Gabriel im Land der Hoffnung ankam. Er sah dünn und schwach aus. „Alles, was zählt, ist, dass wir jetzt wieder als Familie zusammen sind", dachte Esther.

Gabriel hatte sich sehr darauf gefreut, wieder mit seiner Familie zusammen zu sein, aber anstatt sich zu freuen, fühlte er sich jetzt fremd und abgekoppelt. Wie sie sich verändert hatten! Jonathan, jetzt schon achtzehn, war größer als er selbst. Er benahm sich wie der Mann des Hauses. Jaqueline, jetzt vierzehn, verhielt sich wie die erwachsene Version des kleinen Mädchens, an das er sich erinnerte. Und Jakob war schon acht. Er war ein kleiner Junge gewesen, als die Familie fliehen musste in jener Horrornacht, die ihr ganzes Leben verändert hatte. Sie umarmten sich alle und hatten sich viel zu erzählen. Gabriel erzählte allerdings nichts von der Folter und den Demütigungen, die er im Gefängnis erlebt hatte.

Als es Zeit war schlafen zu gehen, war er überrascht, dass Esther in Jaquelines Zimmer ging. „Ich weiß, dass du sehr müde bist", sagte sie. „Ich will dich nicht stören."

Während der nächsten Monate stellte Esther fest, dass Gabriel sich verändert hatte. Er war nicht mehr der liebenswürdige und humorvolle Mann, den sie geheiratet hatte. In der Öffentlichkeit war er höflich. Zu Hause aber sah das ganz anders aus. Aus dem kleinsten Grund oder auch völlig grundlos verlor er die Beherrschung und schrie Esther und die Kinder an. Nachts weckte er die ganze Familie mit seinen Alpträumen. Esther kochte ihm all seine Lieblingsgerichte, aber er beklagte sich über Magenschmerzen und aß fast nichts. Er bemühte sich nicht die neue Sprache zu lernen und kümmerte sich auch nicht um Arbeit.

Esthers Hoffnungen und Träume waren zerplatzt. Das Leben mit Gabriel war in mancher Hinsicht schwerer als ohne ihn. Viele Nächte lang lag sie wach und wenn sie dann doch endlich einschlafen konnte, hatte sie Alpträume. Sie hatte Angst vor der Zukunft, Angst vor dem, was Gabriel als nächstes tun würde. Fast immer quälten sie Kopfschmerzen und sie war tieftraurig.

Als Anna sie eines Tages besuchte, erzählte Esther ihr, wie sie sich fühlte. Anna erwiderte: „Denk nicht immer an früher, Esther. Dies ist ein neuer Tag! Alles wird gut. Glaube nur! Ich dachte, du wärst eine starke Frau!" Esther schämte sich so sehr, dass sie beschloss, nie wieder über ihre Gefühle zu sprechen.

✵ FRAGEN FÜR DIE DISKUSSIONSRUNDE

- ▸ Wie hat Gabriel sich durch die Folter im Gefängnis verändert? Was hat er verloren?
- ▸ Wie hat das Esther beeinflusst? Was hat sie verloren?
- ▸ Wie geht man in Ihrer Kultur mit Gefühlen um, wenn man schmerzhafte Situationen erlebt?

2. Was ist eine seelische Verletzung?

Eine seelische Verletzung kann auftreten, wenn wir von großer Angst, Hilflosigkeit, Schrecken oder Entsetzen überwältigt sind (Psalm 109,22). Das bezeichnet man als Trauma. Solch eine tiefe seelische Verletzung kann entstehen, wenn man mit Tod, Todesbedrohung, körperlicher Verletzung, sexueller Gewalt oder einer anderen Form von Missbrauch konfrontiert wird. Das Erleben der eigenen Ohnmacht ist dabei entscheidend. Es kann je nach Alter und Lebenssituation unterschiedlich stark ausgeprägt sein. Ein Trauma kann auch entstehen, wenn wir miterleben, wie einem anderen Menschen etwas Schlimmes passiert. Auch wenn wir hören, dass jemand, den wir liebhaben, von etwas Schrecklichem betroffen ist, kann das unsere Seele verletzen.

A. Eine seelische Verletzung ist wie eine körperliche Verletzung

⊛ DISKUSSION IN KLEINGRUPPEN

> ▸ Stellen Sie sich eine Wunde am Bein vor. Was braucht sie zum Heilen?
>
> ▸ Worin gleicht eine seelische Verletzung einer körperlichen Verletzung?

♟₀ Schreiben Sie bitte schon im Voraus die linke Spalte der nachfolgenden Tabelle auf eine Tafel, eine Flipchart oder ähnliches. Tauschen Sie sich dann in der großen Gruppe darüber aus, worin seelische Verletzungen körperlichen Verletzungen gleichen. Füllen Sie dabei zu jedem Punkt die rechte Spalte aus.

Körperliche Verletzung	Seelische Verletzung
Sie ist sichtbar.	Sie ist unsichtbar, kann aber am Verhalten der Person erkannt werden.
Sie ist schmerzhaft und muss behutsam behandelt werden.	Sie ist schmerzhaft und muss behutsam behandelt werden.
Wenn sie nicht behandelt wird, kann sie sich verschlimmern.	Wenn sie nicht behandelt wird, kann sie sich verschlimmern und einen dauerhaften seelischen Schaden verursachen.
Sie muss gereinigt werden, um den Schmutz zu entfernen.	Die Wunde muss behutsam gereinigt werden, sodass der Schmerz dabei erträglich bleibt. Aber der Schmerz muss raus. Eventuell ist es auch notwendig Sünde zu bekennen.
Wenn eine Verletzung nur oberflächlich heilt und die Infektion darunter bestehen bleibt, kann das zu schwerer Krankheit führen.	Wenn jemand nur so tut, als seien seine emotionalen Verletzungen geheilt, können später große seelische oder körperliche Probleme auftreten.

Körperliche Verletzung	Seelische Verletzung
Gott kann heilen, meistens gebraucht Er dazu andere Menschen und die Medizin.	Gott kann heilen, meistens gebraucht Er dazu Menschen und ihre Kenntnis darüber, wie seelische Verletzungen heilen.
Eine unbehandelte Verletzung lockt Ungeziefer an.	Eine unbehandelte seelische Verletzung kann uns negativ verändern, sodass wir uns und anderen Schaden zufügen.
Sie braucht Zeit zum Heilen.	Sie braucht Zeit zum Heilen, manchmal Monate oder sogar Jahre.
Eine abgeheilte tiefe Verletzung hinterlässt eine Narbe.	Eine geheilte seelische Verletzung kann Spuren hinterlassen. Oft ist der Mensch an dem Erlebten gewachsen.

B. Wie verhalten sich traumatisierte Menschen?

In Sprüche 4,23 steht: *„Vor allem aber behüte dein Herz, denn dein Herz beeinflusst dein ganzes Leben."* (Neues Leben)

Was in unserem Herzen, d.h. in unserem inneren Menschen passiert, beeinflusst unser ganzes Leben!

Menschen mit seelischen Verletzungen...

... durchleben das Ereignis in Gedanken immer wieder. Viele Menschen mit seelischen Verletzungen müssen immer wieder an das Ereignis denken, das ihr Trauma verursacht hat. Manchmal fühlen sie sich in die entsprechende Situation zurückversetzt und erleben sie noch einmal mit ähnlichen Angst- und Schreckreaktionen. Das kann im wachen Zustand erfolgen oder im Schlaf als Alptraum. Es fällt ihnen schwer, sich auf eine Aufgabe zu konzentrieren, weil sie ständig über diese Situation nachdenken. Schulkinder können Probleme beim Lernen haben. Manche Menschen erzählen immer und immer wieder, was ihnen passiert ist.

... wollen die Erinnerungen an das Trauma vermeiden. Manche Menschen versuchen alles zu vermeiden, was sie an das traumatische Ereignis erinnert: Gedanken, Gefühle, Gespräche oder Situationen. Wer zum Beispiel während des Krieges erlebt hat, wie Flugzeuge sein Dorf bombardierten, wird wahrscheinlich Angst haben, wenn er ein Flugzeug hört. Wenn er nicht weiß, wie er mit dieser Angst umgehen kann, wird er Flughäfen meiden wollen.

Manche traumatisierte Menschen versuchen ihren Schmerz zu betäuben – sei es mit Drogen, Alkohol, suchtartigem Essen, suchtartigem Arbeiten, Glücksspielen, Internetpornographie, Abhängigkeit in Beziehungen oder mit schnell wechselnden Beziehungen.

Manche Menschen zeigen wenig Gefühl, sie sind wie emotional betäubt. Selbst wenn ihnen etwas passiert, oder wenn sie Gewalt oder Tote zu sehen bekommen, empfinden sie wenig. Sie verspüren teilweise nur eine große Traurigkeit und verlieren jedes Interesse. Manchmal weinen sie schnell und oft haben sie keine Energie.

... sind ständig in Alarmbereitschaft. Manche verletzte Menschen sind fortwährend angespannt. Ein lautes Geräusch erschreckt sie, sie springen auf. Sie sind hellwach, als müssten sie immer noch ständig aufpassen, dass ihnen nichts Schlimmes passiert. Oft reagieren sie übermäßig und werden wütend oder gewalttätig. In manchen Fällen sind sie so angespannt, dass sie nicht einschlafen können oder viel zu früh aufwachen. Manche Menschen zittern vor Anspannung, ihr Herz schlägt schnell, sie brechen in Schweiß aus oder bekommen Kopf- oder Bauchschmerzen. Andere haben Schwierigkeiten beim Atmen, ihnen ist schwindlig, oder sie fühlen sich extrem schwach (Psalm 55,5–6).

Oft erinnern sich die Betroffenen nicht mehr daran, was eigentlich passiert ist, oder wissen nur noch Teile davon.

Diese Reaktionen sind für Menschen mit seelischen Verletzungen normal. Sie können kurz nach dem schlimmen Ereignis auftreten oder auch erst viel später.

✷ DISKUSSION IN KLEINGRUPPEN

▶ Kennen Sie einen traumatisierten Menschen, der solche Reaktionen erlebt oder erlebt hat?

▶ Beeinflussen oder beeinflussten diese Reaktionen sein Verhalten? Erzählen Sie Beispiele!

C. Welche seelischen Verletzungen sind besonders schlimm?

Seelische Verletzungen, die durch folgende Situationen entstanden sind, können als besonders schlimm empfunden werden:

- sehr persönliche Ereignisse, wie z.B. der Tod eines Familienmitglieds, Betrug und Verrat durch einen nahestehenden Menschen oder sexuelle Gewalt;
- grundsätzlich alles, was mit dem Tod zu tun hat, besonders wenn es sich um einen unnatürlichen Tod handelt;
- länger andauernde traumatische Ereignisse;
- traumatische Ereignisse, die sich über einen bestimmten Zeitraum regelmäßig wiederholen;
- wenn Menschen anderen mit Absicht Leid zufügen, wie z.B. bei bewaffneten Angriffen.

Menschen reagieren unterschiedlich auf schmerzhafte Erlebnisse. Es kann sein, dass zwei Menschen das Gleiche erleben, aber völlig verschiedene Reaktionen zeigen. Der eine reagiert sehr intensiv, während die Situation den anderen kaum berührt. Folgende Menschen reagieren oft stärker auf ein Trauma:

- wer sich gerne von anderen sagen lässt, was er tun soll;
- wer unter Ängsten leidet, Depressionen oder eine andere psychische Erkrankung hat;
- wer oft traurig oder sehr sensibel ist;
- wer in der Vergangenheit sehr viel Schlimmes erlebt hat, z.B. Missbrauch, oder wenn in der Kindheit beide Eltern starben;
- wer schon vor dem Ereignis viele Probleme hatte;
- wer während und nach dem Ereignis keinerlei Unterstützung durch Familie oder Freunde erhalten hat;
- wer nach dem Ereignis mit vielen anderen Problemen zu kämpfen hat, sodass er sich nicht ausreichend erholen kann.

3. Wie sollen wir mit unseren Gefühlen umgehen? Was sagt das Wort Gottes dazu?

Manche Menschen, die etwas Schlimmes erlebt haben, können ihren Schmerz nicht zulassen und nicht darüber reden. So schützen sie sich davor, den Schmerz noch einmal zu erleben. Manche denken, dass man weder über seine Gefühle nachdenken noch darüber sprechen darf, und dass man auch keine Hilfe von anderen Menschen suchen soll. Das Beste sei, alles zu vergessen und das Augenmerk auf die Zukunft zu richten. Das stimmt aber nicht.

✪ DISKUSSION IN KLEINGRUPPEN

▸ Was lernen wir aus den folgenden Abschnitten im Wort Gottes über den Umgang mit unseren Gefühlen?

1. Mose 45,1–2 (Josef)	Psalm 55,5–7 (David)
1. Mose 21,14–19 (Hagar)	Matthäus 26,37–38 (Jesus)
Jona 4,1–3 (Jona)	Johannes 11,33–35 (Jesus)

Gott möchte, dass wir ehrlich sind und unsere wahren Gefühle zugeben. Auch Jesus hatte starke Gefühle und teilte sie seinen Jüngern mit. Die Heilige Schrift fordert uns auf, unsere Probleme nicht zu verschweigen, sondern sie einander mitzuteilen, sodass wir uns umeinander kümmern können (Galaterbrief 6,2 und Philipperbrief 2,4). Im Alten Testament gibt es Erzählungen von vielen Menschen, die ihr Herz vor Gott ausgeschüttet haben, wie z.B. König David, König Salomo, Josef, Hagar, die Propheten Jona und Jeremia und viele andere. Der Schreiber von Psalm 109 sagt in Vers 22 zu Gott: *„Ich bin arm und hilflos und im Innersten verwundet.“* Das Wort Gottes zeigt, dass Menschen ihren Schmerz ausdrücken dürfen und Heilung dabei erfahren.

4. Wie können wir Menschen helfen, Heilung für ihre seelischen Verletzungen zu finden?

👤 Schreiben Sie auf eine Flipchart oder Wandtafel die beiden untenstehenden Überschriften A und B. Erarbeiten Sie in der großen Gruppe relevante Unterpunkte dazu.

A. Den Menschen helfen, mit den schwierigen Gefühlen konstruktiv umzugehen

• Sich bei traumatischen Erinnerungen bewusst machen, dass das schlimme Erlebnis vorbei ist und dass man jetzt in Sicherheit ist.

- Sich bewusst auf die Gegenwart konzentrieren und darüber nachdenken, was jetzt gerade wichtig ist.
- Alle Sinne einsetzen, um im Hier und Jetzt zu bleiben: das Sehen, Hören, Fühlen, Schmecken und Riechen (siehe Erste Hilfe Maßnahmen im Anhang).
- Selbst entscheiden, wann man sich mit schmerzhaften Erinnerungen auseinandersetzen will und wann nicht (siehe „Tresor-Übung" am Ende dieses Kapitels).

B. Den Menschen helfen, neue Kraft und neue Stabilität zu gewinnen

- Dinge entdecken, die einem Kraft geben, und sich Zeit nehmen für schöne Erinnerungen, Hobbys, Freunde, Natur, Haustiere, Musik, Bewegung, den Glauben …
- Sich Bilder vorstellen, die einem guttun, zum Beispiel einen Palmenstrand, einen Baum mit tiefen Wurzeln, Jesus auf dem Boot mitten im Sturm, Jesus als guten Hirten (siehe Übung: „der Innere sichere Ort" am Ende des Kapitels).
- Zusammenhänge verstehen lernen: Was hat mich gestresst, was hat mich durchgetragen? (Siehe Übung *Lebensfluss* am Ende dieses Kapitels)
- Auch ein geregelter Tagesablauf kann eine Hilfe sein, um dem Leben einen sicheren und festen Rahmen zu geben.

C. Die Menschen über ihren Schmerz reden lassen und ein guter Zuhörer sein

ANSPIEL

Zwei Personen unterhalten sich. Zuerst hört einer dem anderen gut zu. Dann hört er dem anderen nicht gut zu.

▶ Was haben Sie beobachtet? Sprechen Sie in der großen Gruppe darüber.

Eine Möglichkeit, den inneren Schmerz loszuwerden, ist darüber zu reden, aber das muss mit Vorsicht geschehen.

▶ Was sollte ein guter Gesprächspartner tun? Was sollte er nicht tun?

👤 Die Kleingruppen tauschen sich jeweils über eine der Fragen aus. Tragen Sie die Rückmeldungen in der großen Gruppe zusammen; fügen Sie dann von den beiden folgenden Listen hinzu, was noch nicht erwähnt wurde.

Was man tun sollte:

- Fragen Sie den verletzten Menschen, ob er über seine schmerzhafte Erfahrung sprechen möchte. Wenn die Antwort nein ist, brechen Sie das Gespräch ab. Wenn die Antwort ja ist, lassen Sie ihn einfach erzählen.
- Hören Sie aufmerksam zu und tragen Sie den Schmerz mit (Sprüche 20,5). Zur Heilung muss der Betroffene spüren, dass der Zuhörer sein Erleben gefühlsmäßig nachvollziehen kann.
- Lassen Sie dem Erzähler Zeit, haben Sie Geduld und ertragen Sie Schweigen.
- Achten Sie auf die Kultur des Erzählers. In manchen Kulturen ist es zum Beispiel sehr wichtig, Blickkontakt zu haben, während es in anderen Kulturen notwendig ist, Blickkontakt zu vermeiden.
- Wiederholen Sie zwischendurch mit eigenen Worten, was Sie verstanden haben, einschließlich der Gefühle, die Sie wahrgenommen haben. So kann der Erzählende korrigieren, was der Zuhörer eventuell falsch verstanden hat.
- Fragen Sie nach: Wer oder was hat Kraft zum Durchhalten gegeben? Was hat Hoffnung vermittelt?
- Achten Sie darauf, ob Ihr Gegenüber sich beim Erzählen emotional überwältigt fühlt oder auch plötzlich gefühllos und wie erstarrt wirkt. In beiden Fällen sollten Sie
    - entweder das Gespräch abbrechen und dem Erzähler helfen sich zu entspannen,
    - oder den Erzähler dazu ermutigen, sein Erleben zu diesem Zeitpunkt erst einmal mit viel Distanz aus der „Hubschrauberperspektive" zu berichten. Zu einem späteren Zeitpunkt kann er dann mehr Details erzählen.

- Wenn der Erzähler emotional und sozial stabil ist, können Sie folgende Fragen als Leitfaden für ein Gespräch nutzen:
  - Was ist passiert?
  - Wie haben Sie sich dabei gefühlt?
  - Was war das Schlimmste für Sie?
- Wenn es trotz Vorsichtsmaßnahmen passiert, dass der Betroffene plötzlich wie abwesend erscheint, holen Sie ihn in die Gegenwart zurück, indem Sie das Thema wechseln. Stellen Sie Fragen zum Tagesablauf oder aktivieren Sie die Sinne: sehen, riechen, hören und fühlen (siehe „Erste Hilfe Maßnahmen" im Anhang). Machen Sie in diesem Fall auch die „Tresor-Übung" oder die Übung „Der sichere innere Ort" mit den Betroffenen (siehe Ende dieser Lektion). Als Helfer sollten Sie diese Übungen am besten auswendig lernen.
- Wenn der Erzählende einen Traum hatte und ihn mitteilen möchte, sprechen Sie darüber, was er bedeuten könnte, denn manchmal redet Gott durch Träume (Hiob 33,13–18; 1. Mose 37,5–8; Daniel 2,20–22). Wenn es sich um einen Alptraum handelt, überlegen Sie gemeinsam, wie ein gutes und beruhigendes Ende des Traums aussehen könnte.
- Beten Sie für den Betroffenen, wenn er damit einverstanden ist.

2. Heilung für seelische Verletzungen

Was man nicht tun sollte:

- Drängen Sie nie jemand, sein schlimmes Erlebnis zu erzählen – auch nicht mit geistlichen Begründungen.
- Halten Sie nie jemand davon ab seine Geschichte zu erzählen, wenn er sie erzählen will.
- Unterbrechen Sie das Gespräch nicht sofort, wenn der Erzähler zu weinen beginnt. Das Weinen kann guttun und den Heilungsprozess fördern.
- Bohren Sie nicht neugierig nach.
- In einer Gruppe: Lassen Sie nie zu, dass das schlimme Erlebnis in anschaulichen Details erzählt wird. Es könnte andere traumatisieren.
- Geben Sie keine Ratschläge; kritisieren Sie nicht; schlagen Sie keine schnellen Lösungen vor (Sprüche 18,13).
- Beachten Sie die Schweigepflicht (Sprüche 11,13 und 20,19).
- Reden Sie den Schmerz nicht klein, indem Sie ihn mit Ihrem eigenen oder dem eines anderen vergleichen.

Die betroffenen Menschen finden es meistens leichter, zuerst mit einer anderen Person über ihren Schmerz zu sprechen, bevor sie bereit sind, mit Gott darüber zu reden. Es kann auch sein, dass sie das Bedürfnis haben, ihre Geschichte immer wieder zu erzählen. Wenn sie über ihre schlimmen Erfahrungen sprechen können, werden ihre Reaktionen darauf mit der Zeit immer schwächer. Wenn sie aber niemand haben, der ihrem Schmerz zuhört, können die Folgen des Traumas länger bestehen bleiben. Beziehungen und gute Bindungen spielen bei dem Heilungsprozess eine entscheidende Rolle.

Wenn Menschen die Möglichkeit bekommen, über ihren Schmerz zu sprechen, ohne emotional überwältigt zu werden, werden sie:

- ein klareres Bild davon erhalten, was wirklich passiert ist und wie es sie beeinflusst hat;
- akzeptieren, was passiert ist;
- Gott wieder vertrauen können und in Ihm Ruhe finden, die Heilung bringt (Psalm 62,8; 103,3).

Solche Gespräche können in einer kleinen Gruppe oder unter vier Augen stattfinden. Eine Gruppe sollte nicht mehr als 10 Teilnehmer haben, damit jeder zu Wort kommt. Eine Gruppe kann auch aus einigen Ehepaaren bestehen, aus einer Familie oder aus Menschen, die zusammen etwas Schlimmes erlebt haben. Wenn jemand nicht über seine Erlebnisse reden möchte, darf er auch einfach nur zuhören. Nach einiger Zeit wird er sich vielleicht von selbst an den Gesprächen beteiligen.

Es ist wichtig, einen ruhigen Ort zu finden, sodass jeder der Beteiligten frei und ungezwungen reden kann. Jemand anderes sollte sich um Babys und Kleinkinder kümmern, damit die Eltern nicht abgelenkt sind. Die Gruppe wird sich normalerweise mehr als einmal treffen müssen.

Geistliche Leiter sollten weise und fürsorgliche Helfer auswählen und sie für diese Aufgaben schulen lassen. Erlauben Sie der verletzten Person selbst zu wählen, mit wem sie über ihre Erlebnisse sprechen möchte.

Die geistlichen Leiter sollten auch nicht vergessen, dass die ausgebildeten Helfer ebenfalls Begleitung brauchen.

D. Verletzungen, die besonders schwer wiegen erkennen und Hilfe aufsuchen

Es gibt Menschen, die so tief verletzt sind, dass sie mehr Hilfe benötigen, als durch bloße Zuwendung und Zuhören zu leisten ist. Der Mitarbeiter sollte sehr aufmerksam sein, um einschätzen zu können, wie tief jemand verletzt ist. Dabei können folgende Fragen hilfreich sein:

- Wie viele der auf den Seiten 24 und 25 genannten Verhaltensweisen treten auf?
- Wie häufig treten diese Verhaltensweisen auf?
- Wie stark hat sich das Verhalten des Betroffenen verändert?
- Wie lange treten diese Verhaltensweisen schon auf?
- Welche Auswirkungen hat die seelische Verletzung? Kann der Betroffene noch für sich selbst und seine Familie sorgen? Inwiefern ist sein Alltag beeinträchtigt?

Menschen, die innerlich schwer verletzt sind, brauchen professionelle Begleitung! Finden Sie heraus, wer in Ihrer Umgebung fachliche Hilfe leisten kann, und stellen Sie den Kontakt her. Falls dies im Moment nicht möglich ist, kann auch ein Arzt für Allgemeinmedizin hilfreich sein und erforderliche Medikamente verschreiben. So kann sich der Betroffene zumindest wieder beruhigen und schlafen.

Übungen zu Lektion 2

 **ÜBUNG IN 2er-GRUPPEN**

- Einer erzählt eine Geschichte, die er erlebt hat (kein Trauma).
- Der andere versucht aufmerksam zuzuhören.

Der Zuhörer sollte möglichst empathisch zuhören, um wirklich zu erfassen, was der andere ihm mitteilen möchte (Hauptaussagen der Geschichte, Probleme...).

Er sollte auch zeigen, dass er den anderen verstanden hat und dass er an seiner Geschichte Anteil nimmt. Dabei können die Fragen von Seite 30 hilfreich sein: *Was ist passiert? Wie haben Sie sich dabei gefühlt? Was war dabei das Schlimmste für Sie?*

Nach 10 Minuten sollten die Rollen in der 2er-Gruppe getauscht werden.

 **TAUSCHEN SIE SICH IM ANSCHLUSS ÜBER FOLGENDE FRAGEN IN DER GROSSEN GRUPPE AUS**

- Wie haben Sie sich während der Übung gefühlt?
- Was war schwierig?
- Hatten Sie das Gefühl, dass der andere Ihnen gut zugehört hat? Wenn ja, warum? Wenn nein, warum nicht?
- Was hat der Zuhörer Ihrer Meinung nach gut gemacht?
- Was hat der Zuhörer nicht wahrgenommen?

ÜBUNG „DER SICHERE INNERE ORT"

Diese Übung kann Menschen mit seelischen Verletzungen helfen, ihre Gefühle wieder unter Kontrolle zu bringen und sich dabei zu entspannen.

- Setzen Sie sich bequem hin, wenn Sie möchten, schließen Sie die Augen.
- Wir wollen jetzt Ihren sicheren Ort aufsuchen. Das ist ein Ort, an dem Sie sich absolut sicher, wohl und geborgen fühlen. Am besten stellen Sie sich einen Ort vor, den es in Wirklichkeit gar nicht

gibt. An Ihrem sicheren Ort kann es alles geben: Tiere, Pflanzen, Berge, einen Strand, Palmen, Engel usw., nur andere Menschen sind dort nicht.

- Wie sieht Ihr Ort aus? Was tun Sie da? Was hören Sie? Wonach riecht es? Welcher Geruch ist Ihnen angenehm? Welche Temperatur ist Ihnen angenehm?
- Wodurch ist Ihr Ort gesichert? Überprüfen Sie noch einmal, ob er sicher genug ist. Suchen Sie nach einem Wort, das diesen Ort gut beschreibt, und, falls Ihnen etwas einfällt, auch nach einer Handbewegung, die Sie mit diesem Ort verknüpfen. Nehmen Sie wahr, wo im Körper dieser Ort Ihnen ein gutes Gefühl gibt. Dann gehen Sie in Gedanken wieder zurück zu Ihrem jetzigen Aufenthaltsort und strecken sich kräftig.
- Gehen Sie regelmäßig zum kurzen Entspannen an Ihren sicheren Ort. Dann können Sie ihn in einer Notsituation schneller aufsuchen.

TRESOR-ÜBUNG, UM SCHLECHTE ERINNERUNGEN AUF ABSTAND ZU BRINGEN

Setzen oder legen Sie sich bequem hin. Sie können Ihre Augen schließen. Wenn Sie sie offen lassen möchten, suchen Sie sich bitte einen Punkt, auf dem Sie Ihren Blick ruhen lassen wollen.

- Nehmen Sie das Bild, das Sie belastet, und stellen Sie sich an seinem rechten Rand einen breiten grauen Streifen vor, dann einen solchen Streifen am oberen Rand, danach am linken und am unteren Rand.
- Das Bild hat jetzt einen grauen Rahmen. Er gehört zu einem Fernsehgerät, das in der rechten Ecke einen großen roten Ausschaltknopf hat. Da drücken Sie jetzt drauf.
- Das Bild wird kleiner, der Ton verschwindet. Das Bild verliert seine Farbe, wird schwarz-weiß und wird immer unschärfer, bis es in sich zusammen fällt.
- Unter dem Fernseher steht ein DVD-Player, zu dem gehen Sie. Sie drücken auf den Auswurfknopf, holen die DVD raus und packen sie in einen stabilen Karton.
- Mit diesem Karton gehen Sie zu einem großen Berg. Am Fuß des Berges ist eine Tresortür.

 2. Heilung für seelische Verletzungen

- An der Tür ist ein großes Rad angebracht und zwei Knöpfe. Sie nehmen den oberen Knopf, drehen ihn nach links und stellen die erste Geheimzahl ein, die nur Sie kennen. Dann drehen Sie den Knopf nach rechts und stellen die zweite Zahl ein. Dann noch einmal nach links für die dritte Zahl und nach rechts für die vierte Zahl.
- Danach drehen Sie das große Rad nach rechts und die Türe öffnet sich.
- Sie treten in einen großen Raum ein, in dem viele Regale stehen. Jetzt nehmen Sie Ihren Karton und legen ihn an einem freien Platz ab. Dann verlassen Sie den Raum wieder, schließen die Tür und drehen das Rad nach links, bis es hörbar „klick" macht.
- Dann kommen Sie in unseren Raum zurück und räkeln sich. Das ist wichtig, damit Sie wieder ganz wach und aufmerksam sind.
- In dem Tresor können Sie immer wieder Dinge ablegen, an die Sie gerade nicht denken möchten. Tun Sie dies immer dann, wenn Sie von inneren Bildern, Gedanken oder Gefühlen gequält werden.
- Zu einem späteren Zeitpunkt, wenn alles ruhig ist, können Sie ein Paket nach dem anderen wieder aus Ihrem Tresor holen und am besten mit jemand darüber sprechen.

LEID KREATIV VERARBEITEN

 Stellen Sie Papier und Stifte und/oder Knete (Salzteig) zur Verfügung.

Eine Möglichkeit, unseren Schmerz ohne Worte auszudrücken ist, ihn kreativ zu verarbeiten. Werden Sie innerlich ruhig und bitten Sie Gott, Ihnen Ihren inneren Schmerz zu zeigen. Beginnen Sie dann zu malen oder zu modellieren, ohne viel darüber nachzudenken. Lassen Sie den Schmerz sozusagen über die Finger herauskommen. Sprechen Sie nicht viel während dieser Übung. Sie können die Bilder ruhig symbolisch darstellen, auch wenn die Symbole nur für Sie etwas bedeuten (z.B. kann eine Zigarette Ihren Bruder darstellen, der raucht).

Sie haben 30 Minuten Zeit dafür.

⬖ AUSTAUSCH IN KLEINGRUPPEN

Jeder sollte frei entscheiden dürfen, ob er sein Werk den anderen zeigen möchte oder nicht.

▶ Erzählen Sie etwas über Ihr Bild oder Ihre Figur. Ist Ihnen durch die Übung etwas Neues klar geworden?

LEBENSFLUSS – EINE ÜBUNG UM ZUSAMMENHÄNGE BESSER ZU VERSTEHEN

Malen Sie auf einem Blatt Papier von oben nach unten einen Fluss – er kann eingebettet sein in eine Landschaft. Der Fluss beginnt mit Ihrer Geburt und geht über das Jetzt in die nahe Zukunft. Nehmen Sie die Beobachter-Perspektive ein. Stellen Sie links vom Fluss die schwierigen Erfahrungen (Herausforderungen, Schmerzhaftes, traumatische Erlebnisse) mit einem Blitz dar und schreiben Sie ein paar Stichwörter dazu. Überlegen Sie dann, was Ihnen geholfen hat, diese schwierigen Erfahrungen zu ertragen. Wer oder was hat Ihnen Kraft zum Durchhalten gegeben? Rechts vom Fluss, gegenüber den Blitzen, können Sie nun Sonnen malen, um diese kraftspendenden Dinge zu symbolisieren. Auch da ist es hilfreich, ein paar Stichwörter dazu zu schreiben.

✺ **AUSTAUSCH IN 2er-GRUPPEN**

> ▶ Was hat Ihnen geholfen, die schwierigen Situationen zu ertragen? Was hat Ihnen Kraft gegeben?
>
> ▶ Können Sie diese Ressourcen in der gegenwärtigen Situation nutzen? Wenn ja, wie?

👤 Wenn jemand bei den Übungen „Leid kreativ verarbeiten" und „Lebensfluss" emotional überwältigt wird, können Sie die Übung „Der sichere innere Ort" oder die „Tresor-Übung" einsetzen. In Phasen, in denen es den Betroffenen gut geht, sollten sie lernen, diese Übungen auch selbständig durchzuführen, sodass sie in Stresssituationen darauf zurückgreifen können.

Lektion 3.

WAS GESCHIEHT, WENN WIR TRAUERN?

1. Geschichte: Neuigkeiten von zu Hause

Gabriel schien fast wieder der Alte zu sein. Dann kam ein Anruf aus dem Heimatland. Sie erfuhren, dass Gabriels Mutter gestorben war.

Gabriel schrie zu Gott: „Wie kannst du mir auch noch meine Mutter nehmen? Ich hatte so gehofft, wir könnten sie noch ins Land der Hoffnung holen!" Er dachte: „Hätte ich mich doch nicht in die politischen Angelegenheiten eingemischt. Vielleicht wären wir dann alle noch zu Hause. Dann hätte ich meiner Mutter ärztliche Hilfe holen können und sie wäre nicht gestorben!" In dieser Nacht träumte er davon, dass er bei seiner Mutter war, aber als er am nächsten Morgen aufwachte, holte ihn die harte Realität wieder ein: Sie war tot.

Paul hörte, dass Gabriels Mutter gestorben war und half dabei, einen Gedenkgottesdienst zu organisieren. Er konnte sogar ein Foto von Gabriels Mutter besorgen, das während des Gottesdienstes aufgestellt wurde. Das Foto brachte Gabriel zum Weinen. Oh! Wie sehr er seine Mutter liebte!

Anna besuchte den Gedenkgottesdienst. Sie versuchte, Gabriel zu trösten: „Freu dich, Gabriel! Eines Tages wirst du bei deiner Mutter im Himmel sein, dort gibt es keine Tränen mehr!" Diese Worte verletzten Gabriel noch mehr.

Später in der Woche sprach Paul mit Gabriel: „Wir haben viel verloren als Flüchtlinge und jeder Verlust nährt den Schmerz über einen anderen Verlust. Was hast du denn außer deiner Mutter noch verloren?" Gabriel zählte eine lange Liste auf.

Paul erwiderte: „Wir müssen unsere Verluste gründlich betrauern – die großen und die kleinen, sonst werden sie uns immer daran hindern, wirklich zu leben!"

- ▸ Was hat Gabriel erlebt?
- ▸ Haben Sie sich schon einmal wie Gabriel gefühlt?

2. Was heißt Trauern?

Trauern hängt mit Verlust zusammen. Man trauert über:

- den Verlust einer nahestehenden Person;
- den Verlust eines Körperteils oder einer Körperfunktion;
- den Verlust der Heimat, des Besitzes oder der gesellschaftlichen Stellung.

Es spielt keine Rolle, ob dieser Verlust klein oder groß ist. Jeder Verlust berührt uns emotional und wird auf die eine oder andere Art betrauert. Jedes Trauma geht mit Verlust einher. Aber nicht jeder Verlust muss eine traumatische Erfahrung sein.

Wenn jemand einen ihm nahestehenden Menschen verliert oder etwas anderes, das ihm viel bedeutet, kann sich dadurch seine Identität ändern. Das trifft vor allem beim Tod des Ehepartners, beim Verlust eines Körperteils oder des Augenlichts zu. Das Selbstbild wird durch den Trauerprozess verändert und muss sich der neuen Lebenssituation anpassen. Das nimmt einige Zeit in Anspruch.

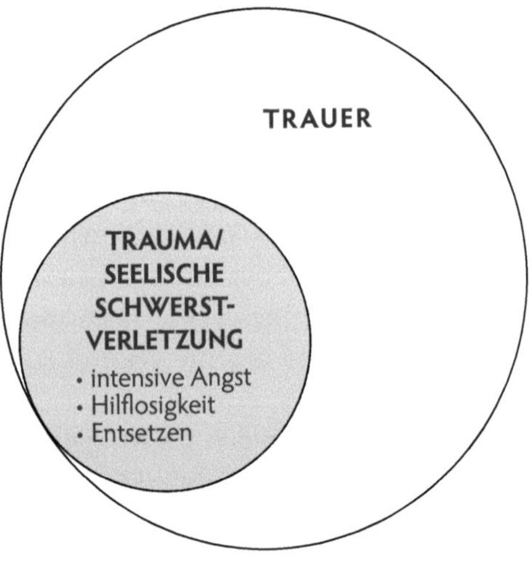

Bestimmte Verluste können das Trauern erschweren:

- wenn es zu viele Tote oder Verluste auf einmal gibt;
- wenn der Verlust oder Tod unerwartet oder gewaltsam eintritt, z.B. durch Mord oder Selbsttötung;

- wenn es keinen Leichnam gibt, der beigesetzt werden kann, oder der Tod nicht sicher bestätigt werden kann;
- wenn der Hauptverdiener der Familie oder ein wichtiger Leiter gestorben ist;
- wenn die Hinterbliebenen ungelöste Probleme mit dem Verstorbenen hatten;
- wenn man weit entfernt ist und an der Beisetzung nicht teilnehmen kann;
- wenn ein Kind stirbt.

Weil Adam und Eva sündigten, müssen wir mit Tod und Schmerz leben. Trauern ist jetzt der normale Prozess, einen Verlust zu verarbeiten. Erst in der Ewigkeit wird es kein Trauern mehr geben (Offenbarung 21,4). Wenn wir Hoffnung auf ein ewiges Leben in Gottes Gegenwart haben, müssen wir nicht mehr verzweifeln. Vielleicht sind wir traurig, aber wir sind nicht ohne Hoffnung und Trost.

3. Wie sieht ein gesunder Trauerprozess aus?

Trauern braucht Zeit und Kraft. Es ist wie eine Reise, die uns durch verschiedene Orte und schließlich zur Heilung führt (Jesaja 61,1–3).

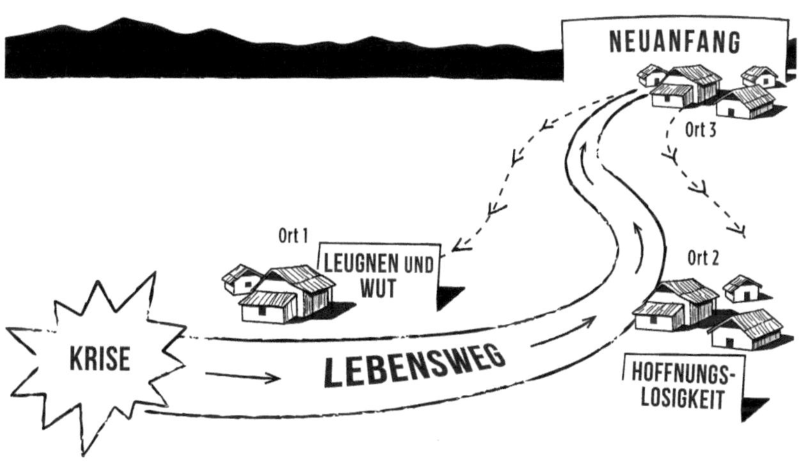

Der Weg der Trauer

A. Ort 1: „Leugnen und Wut"

In Ort 1 befindet man sich direkt nach dem Verlust. Man ist wie betäubt und nimmt seine Umgebung nicht mehr richtig wahr. Man will nicht glauben, dass das Geschehene wirklich passiert ist oder dass der Verstorbene wirklich tot ist.

Es kann vorkommen, dass man plötzlich weint oder wütend wird. Diese Wut kann sich gegen Gott oder den Verstorbenen richten. Man kann auch in Selbstvorwürfe verfallen: „Hätte ich doch dies oder jenes getan, dann wäre es nicht dazu gekommen." – „Warum ist das ausgerechnet mir passiert?" Vielleicht sucht man auch einen anderen Schuldigen und ist womöglich versucht, sich zu rächen. Dadurch können zusätzlich Konflikte und Beziehungsprobleme entstehen, die den Schmerz noch verstärken.

Manchmal weigert man sich auch zu glauben, dass der geliebte Mensch wirklich tot ist. Man denkt, er sei immer noch da. Oft sieht oder hört man ihn im Traum. Diese Träume sind ganz normal und haben nicht unbedingt mit bösen Geistern zu tun.

Diese Phase (Ort 1) beginnt meist in dem Moment, in dem der Betroffene von dem Ereignis erfährt. Sie kann einige Monate andauern – länger als Freunde kommen, um Trost zu spenden.

Nach dem Tod eines geliebten Menschen sind Weinen, Trauerrituale und die Beisetzung oft sehr hilfreich, um den ersten Schock zu verarbeiten.

Gott hat uns so geschaffen, dass wir weinen können, wenn wir traurig sind. Beim Weinen zeigen wir unsere Gefühle und lassen den Schmerz raus. Es kann ein wichtiger Bestandteil der Trauer sein, sowohl für Frauen als auch für Männer. Sogar Jesus weinte, als sein enger Freund Lazarus gestorben war (Johannesevangelium 11,33–38a). Auch die Verfasser der Psalmen erwähnen, dass sie weinten (Psalm 6,7; 39,13 und 42,4), ebenso die Propheten (Jesaja 22,4; Jeremia 9,1). In Prediger 3,4 steht, dass es eine Zeit zum Weinen gibt. Gott sieht unsere Tränen und sie bedeuten Ihm sehr viel (Jesaja 38,3–5).

Man sollte seine Tränen weder zurückhalten noch zur Schau stellen. Auch Monate nach dem Verlust kann man in einem unerwarteten Moment wieder von der Traurigkeit erfasst werden. Man sollte sich der Traurigkeit stellen und die Tränen, so oft wie nötig, einfach fließen lassen.

B. Ort 2: „Hoffnungslosigkeit"

An diesem Ort angekommen, ist man sehr traurig und hoffnungslos. Der Blick für die Zukunft ist völlig verhüllt. Oft bekommt man sein Leben nur schwer geregelt. Man sehnt sich danach, dass der Verstorbene wieder zurückkommt, und fühlt sich einsam und verlassen. Manche verlieren die Lust am Leben und möchten am liebsten tot sein, damit sie in der Nähe des Verstorbenen sind. Manche schämen sich oder fühlen sich schuldig, weil sie denken, sie hätten den Tod des geliebten Menschen verhindern können. Meistens ist das aber völlig unbegründet. Die Gedanken vom Ort 1 können den Trauernden immer noch beschäftigen. In dieser Phase (Ort 2) bleibt man meist für einen längeren Zeitraum (ein Jahr und länger).

C. Ort 3: „Neuanfang"

Menschen, die ihren Verlust akzeptiert und ausreichend betrauert haben, befinden sich nun am Punkt des Neuanfangs. In dieser Phase ist man in der Lage etwas Neues zu beginnen. Man kann wieder mit Freunden ausgehen und Spaß haben. Wenn jemand seinen Ehepartner verloren hat, denkt er vielleicht daran, wieder zu heiraten. Wer ein Kind verloren hat, möchte vielleicht wieder ein Baby haben. Der Verlust hinterlässt natürlich Spuren. Man ist nicht mehr dieselbe Person, die man vorher war. Wenn man alle Phasen gut durchlaufen hat, kann man jedoch stärker daraus hervorgehen. Dann ist man meist in der Lage, andere Menschen besser zu verstehen und denen zu helfen, die sich in einer ähnlichen Situation befinden.

D. Die Trauerreise verläuft nicht immer auf direktem Weg

Es ist ganz normal, dass man immer wieder Schritte zurückgeht und für kurze Zeit frühere Orte besucht. Die Trauerreise ist meistens kein direkter Weg.

Wer sich im Ort 2 befindet, kann durchaus Tage erleben, an denen er sehr wütend ist und wieder alle Gefühle von Ort 1 erlebt. Manchmal beginnt man sogar im Ort 2 und geht dann erst zum Ort 1. Vielleicht glaubt man auch, dass man kurz vor dem Neuanfang steht, fällt aber wieder zurück in die Hoffnungslosigkeit von Ort 2. Das kann z.B. am Jahrestag des Verlustes eintreten. Dieser Zustand kann einige Tage lang dauern, das ist völlig normal. In der Regel nähert man sich aber allmählich dem Neuanfang von Ort 3.

Es ist natürlich nicht gut, wenn man sich zu lange in Ort 1 oder 2 aufhält. Hinweise darauf können z.B. sein, dass

- jemand ein paar Monate nach dem Tod seines Partners immer noch nicht seinen täglichen Pflichten nachkommen kann oder sich das Leben nehmen will. In diesem Fall sollte man einen Arzt aufsuchen, denn neben der Trauer könnte eine Depression vorliegen;
- jemand nach einem Jahr immer noch glaubt, er könne seinen Partner hören oder sehen;
- die Mutter eines verstorbenen Kindes dessen Kleider aufbewahrt und sie auch nach Jahren noch nicht weggeben kann;
- jemand auch zwei Jahre nach dem Tod seines Partners noch nichts mit Freunden unternehmen will.

Diese Menschen befinden sich zu lange im Ort 1 oder 2 und brauchen daher zusätzliche Hilfe um weiterzukommen.

E. Vermeiden Sie die „falsche Brücke"

Manchmal denken wir, wenn wir wirklich an Gott glauben, dann sei es falsch, traurig oder wütend über einen Verlust zu sein. Unsere kulturelle Prägung kann diese Vorstellung noch verstärken. So wählen manche den Weg der sogenannten „falschen Brücke": sie verdrängen Trauer und Schmerz. Das scheint eine Möglichkeit zu sein, wie man vom Verlustereignis direkt zum „Neuanfang" kommt, ohne die Orte 1 und 2 zu durchlaufen. Dieses Verhalten wird aber keine Heilung bringen. Gott hat uns so geschaffen, dass wir unsere Verluste betrauern müssen.

Selbst Josef weinte: *„Dann lief er schnell hinaus. Er war den Tränen nahe, so sehr bewegte ihn das Wiedersehen mit seinem Bruder. Er eilte in sein Privatzimmer, um sich dort auszuweinen"* (1. Mose 43,30).

Es erfordert Mut, sich dem Schmerz der Trauer zu stellen. Oft wäre es einfacher, ihn zu ignorieren. Manchmal versucht man, den Schmerz zu überspielen, indem man anderen Menschen übermäßig Gutes tut. Das Überspielen der Trauer ist gefährlich, denn wenn man nicht unmittelbar nach dem Verlust trauert, kann sich die Trauer in uns festsetzen. Sie wird nicht von selbst verschwinden und kann uns viele Jahre lang belasten.

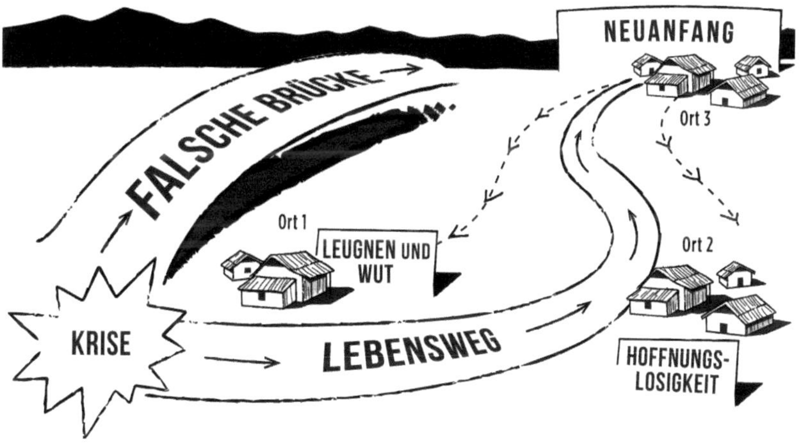

Die „falsche Brücke"

✶ DISKUSSION IN 2er-GRUPPEN

- ▸ Denken Sie an einen persönlichen Verlust, den Sie erlebt haben. Welche der oben genannten Gefühle hatten Sie? Versuchen Sie, diese Gefühle zu beschreiben.
- ▸ Sind Sie bei dem Verlust durch alle Orte gegangen und dann im Ort 3 (Neuanfang) angekommen? Haben Sie das Gefühl, dass Sie irgendwo stecken geblieben sind? Haben Sie irgendwann Ort 1 oder 2 erneut besucht?
- ▸ Haben Sie die falsche Brücke gewählt? Erklären Sie.

4. Wie können wir Trauernden helfen?

Trauern ist immer harte Arbeit. Manche Dinge erleichtern den Trauerprozess, andere erschweren ihn.

A. Das Beispiel von Hiobs Tröstern

Hiob, eine Person aus dem Alten Testament, war ein reicher Mann und hatte eine sehr große Familie. In einem Augenblick verlor er alles: seine Kinder, sein Vieh, seine Gesundheit und seinen ganzen Reichtum, einfach alles. Als seine Freunde davon hörten, besuchten sie ihn, um ihn zu trösten. Sie saßen eine Woche schweigend bei ihm, ohne etwas zu sagen. Schließlich brach Hiob das Schweigen und beklagte sich über seine Schmerzen.

Nun waren seine Freunde schnell dabei, ihn auf seinen mangelnden Glauben hinzuweisen (Hiob 4,3–6). Sie behaupteten, er sei schuld; die Ursache für sein Leid seien seine Sünden und die Sünden seiner Kinder (Hiob 4,7–8).

Obwohl Hiob beteuerte, er habe nicht gesündigt, waren seine Freunde sicher, dass Gott das Leid nicht zugelassen hätte, wenn Hiob wirklich unschuldig gewesen wäre (Hiob 8,6–8; 11,2–4 und 22,21–30). Sie beschuldigten ihn fortwährend und forderten ihn auf, seine Sünde zu bekennen. Schließlich sagte Hiob: *„Ihr seid alle wirklich schlechte Tröster!"* (Hiob 16,2 Neues Leben) Anstatt Hiob zu trösten, verschlimmerten sie seinen Schmerz!

✪ DISKUSSION IN DER GROßEN GRUPPE

> ► Was war hilfreich an dem, was Hiobs Freunde sagten oder taten? Was war nicht hilfreich?

B. Dem Trauernden moralisch und praktisch zur Seite stehen

✪ DISKUSSION IN KLEINGRUPPEN

> ► Was hat Ihnen bei der Trauer um einen geliebten Menschen geholfen?

Tauschen Sie sich anschließend in der großen Gruppe darüber aus.

Manche traditionellen Praktiken helfen beim Trauern, andere nicht. Zur Ergänzung hier einige Möglichkeiten, wie wir Trauernde unterstützen können.

Emotionale Hilfe:

- Besuchen Sie den Trauernden und beten Sie für ihn.
- Wenn der Trauernde dazu fähig ist, ermutigen Sie ihn, über seine Gefühle zu sprechen, sodass er seine Wut und Traurigkeit in Worte fassen kann.
- Hören Sie ihm aufmerksam zu. Geben Sie ihm das Gefühl, dass Sie sich wirklich für ihn interessieren. Reden Sie selbst nicht so

   3. Was geschieht, wenn wir trauern?

viel. Heilung geschieht, wenn der Trauernde lernt seinen Schmerz mitzuteilen und spürt, dass er verstanden wird. In dieser Phase sind Belehrungen oder Ermahnungen fehl am Platz (Hiob 21,2 und Sprüche 18,13).

- Helfen Sie dem Trauernden zu verstehen, dass Trauern ganz normal und wichtig ist und dass es Zeit braucht. Wenn man sich noch im Ort 1 oder 2 befindet, sollte man auch keine größeren Entscheidungen treffen; zum Beispiel kurz entschlossen wieder zu heiraten oder sich in große finanzielle Abhängigkeiten zu begeben. Warnen Sie davor! Erst wenn man wirklich in Ort 3 angekommen ist, sollte man wieder über solche Fragen nachdenken.
- Fragen Sie, ob Sie etwas aus dem Wort Gottes vorlesen dürfen. Wenn der Trauernde zustimmt und bereit dazu ist, können Verse wie Psalm 34,19 sehr tröstend sein. *„Wenn sie verzweifelt sind und keinen Mut mehr haben, dann ist er ihnen nahe und hilft.“*
- Ermutigen Sie den Trauernden, seinen Schmerz vor Gott zu bringen. Er kann Trauernde im tiefsten Inneren verstehen und mit seiner Liebe berühren. Der Trauernde sollte seine Gedanken möglichst genau formulieren und seinen Verlust im Detail beschreiben – den Verlust des geliebten Menschen, den Verlust des Einkommens, der Freundschaften, des Respekts oder der Sicherheit. Er sollte diese Verluste vor Gott aussprechen, einen nach dem anderen. Er kann sich darauf verlassen, dass Gott ihn hört und ihn trösten will.

Praktische Hilfe:

- Entlasten Sie den Trauernden von den alltäglichen Pflichten, damit er Zeit zum Trauern hat. Dies gilt besonders bei den Vorbereitungen für die Beerdigung. Wenn jemand trauert und sich gleichzeitig um seine Familie kümmern muss, um seine eigenen Belange und um die Aufgaben, die der Verstorbene immer erledigte, hat er meist keine Energie, um richtig zu trauern und über den Verlust hinwegzukommen. Er ist viel zu erschöpft.
- Witwen und Waisen brauchen besondere Hilfe. Die Heilige Schrift fordert uns im Jakobusbrief 1,27 sogar dazu auf: *„Gott, der Vater, wird auf die rechte Art geehrt, wenn jemand den Waisen und Witwen in ihrer Not beisteht und sich nicht an dem ungerechten Treiben dieser Welt beteiligt.“*

- Wenn es keinen Leichnam gibt, organisieren Sie eine Gedenkfeier für den Verstorbenen, in der man seinen Tod öffentlich erklärt. Anstelle des Sargs kann man ein Foto aufstellen. Falls die Angehörigen in alle Welt zerstreut sind, können sie in ihren Heimatländern ähnliche Zeremonien abhalten.
- Wenn jemand den Tod eines lieben Angehörigen leugnet, helfen Sie ihm vorsichtig, das Ereignis wahrzunehmen. Sie können z.B. helfen, die persönlichen Dinge des Verstorbenen weiterzugeben.
- Es ist ganz normal, wenn man in den ersten Wochen und Monaten nach dem Verlust nicht gut schlafen kann. Ermutigen Sie den Trauernden, sich viel an der frischen Luft zu bewegen. Wenn man sich körperlich betätigt, kann man in der Regel nachts besser schlafen.

C. Klagepsalmen schreiben

David, ein König Israels im Alten Testament, fragt in Psalm 13,2: *„HERR! Hast du mich für immer vergessen? Wie lange willst du dich noch verbergen?"* In Vers 6 sagt er: *„Doch ich verlasse mich auf deine Liebe, ich juble über deine Hilfe. Mit meinem Lied will ich dir danken, HERR, weil du so gut zu mir gewesen bist."*

Wie kann er diese beiden Aussagen in einem Atemzug machen? Sie scheinen völlig gegensätzlich. Diese Spannung gibt es in fast allen Klagepsalmen.

Im Klagepsalm breitet der Beter seine echten Empfindungen und tiefen Herzenswünsche vor Gott aus. Er möchte Gott zum Eingreifen bewegen. Indem er sein Herz ausschüttet, wächst die innere Gewissheit, dass er sich auch in schwierigen Situationen auf Gott verlassen kann. So kann er am Ende Gott sein Vertrauen aussprechen. König David sagt: *„Ihr, die ihr zu seinem Volk gehört, setzt allezeit euer Vertrauen auf ihn, schüttet euer Herz bei ihm aus; denn Gott ist unsere Zuflucht!"* (Psalm 62,9).

Ein Klagepsalm wird meist von einer einzelnen Person verfasst, manchmal aber auch von einer Gruppe von Menschen.*

Klagepsalmen sind in vielen Kulturen bekannt. Es ist eine gute Art und Weise seine tiefsten Gefühle auszudrücken.

---

*Sechsundsiebzig von hundertfünfzig Psalmen werden als Klagepsalmen bezeichnet. Die Klagepsalmen von einzelnen Personen sind: 3, 4, 5, 6, 7, 9–10, 11, 13, 16, 17, 22, 25, 26, 27, 28, 31, 35, 36, 38, 39, 40, 42, 43, 51, 52, 54, 55, 56, 57, 59, 61, 62, 63, 64, 69, 70, 71, 77, 86, 88, 94, 102, 109, 120, 130, 140, 141, 142, 143. Die Klagepsalmen von einer Gruppe sind: 12, 14, 44, 53, 58, 60, 74, 79, 80, 83, 85, 90, 106, 108, 123, 126, 137.

3. Was geschieht, wenn wir trauern?

Klagepsalmen bestehen häufig aus sieben Bausteinen:

- Anrede für Gott („Oh Gott")
- Rückblick auf Gottes Treue in der Vergangenheit
- **Klage**
- Sündenbekenntnis oder Unschuldserklärung
- Bitte um Hilfe
- Gottes Antwort (oft nicht erwähnt)
- Feierliches Versprechen, Gott zu loben und Ihm zu vertrauen

Nicht jeder Klagepsalm enthält alle diese Bausteine und sie stehen auch nicht immer in dieser Reihenfolge. Der wichtigste Teil ist die Klage selbst.

In einem Klagepsalm können wir Gott unsere Gefühle offen und ehrlich sagen, auch wenn es Enttäuschungen, Zweifel und Anklagen sind. Oft folgt der Klage eine Vertrauenserklärung. Diese Kombination macht Klagepsalmen zu kraftvollen Gebeten. Die Trauer wird nicht verschwiegen. Man wendet sich an Gott und bleibt in seinem Schmerz nicht allein. Vor Gott klagen ist ein Zeichen des Glaubens und nicht des Zweifelns.

In Klagepsalmen versuchen Menschen nicht, ihre Probleme selbst zu lösen, sondern bitten Gott um Hilfe. Sie blicken auf Gott, der ihr Leben in der Hand hält. Sie bitten Ihn um Gerechtigkeit, ohne sie selbst herbeiführen zu wollen, indem sie zum Beispiel den Feind verfluchen (Psalm 28,3–4).

 ÜBUNG

- Schließen Sie bitte die Kursbücher, lesen Sie Psalm 13 und bestimmen Sie die Bausteine dieses Klagepsalms.
- Als Kursleiter lesen Sie anschließend den Psalm laut vor, die Teilnehmer sagen bei jedem Vers, zu welchem Baustein er gehört.

Vergleichen Sie Ihre Ergebnisse mit der folgenden Tabelle:

Abschnitt im Wort Gottes   **Baustein**

Abschnitt im Wort Gottes	Baustein
Psalm 13 Vers 2–3: *HERR! Hast du mich für immer vergessen? Wie lange willst du dich noch verbergen?* *Wie lange sollen mich die Sorgen quälen, soll der Kummer Tag für Tag an meinem Herzen nagen? Wie lange dürfen meine Feinde mich noch bedrängen?*	
Psalm 13 Vers 4–5: *Sieh mich doch wieder an, HERR! Gib mir Antwort, du mein Gott! Mach es wieder hell vor meinen Augen, damit ich nicht in Todesnacht versinke!* *Sonst sagen meine Feinde: »Den haben wir erledigt!«, und jubeln über meinen Sturz.*	
Psalm 13 Vers 6a: *Doch ich verlasse mich auf deine Liebe.*	
Psalm 13 Vers 6b: *Ich juble über deine Hilfe. Mit meinem Lied will ich dir danken, HERR, weil du so gut zu mir gewesen bist.*	

 **ÜBUNG (ca. 30 MINUTEN)**

- Schreiben Sie selbst einen Klagepsalm über Ihre persönlichen schmerzhaften Erfahrungen – in Ihrer Sprache. Es kann ein geschriebener Text, ein Lied oder ein Tanzlied sein. Sie können auch als Gruppe einen „Gemeinschaftsklagepsalm" verfassen.
- Wer möchte, kann seinen Psalm in der kleinen oder großen Gruppe vortragen.

Lektion 4.

SEELISCHE VERLETZUNGEN BEI KINDERN

Dieses Kapitel gibt nur einen groben Überblick. Für die Arbeit mit Kindern und Jugendlichen ist die Kenntnis über ihre normalen Entwicklungsphasen unbedingt erforderlich. In der Reihe „Traumatisierte Menschen begleiten" gibt es ein englisches Buch für Kinder „Healing Hearts Club".

1. Geschichte: Jakobs Geheimnis

Jakob, 8 Jahre, schob seiner Mutter Esther einen Brief von seiner Lehrerin über den Tisch zu. Esther öffnete ihn vorsichtig. Dort stand: „Bitte kommen Sie morgen zu einem Gespräch mit der Schulleiterin in die Schule."

Jakob war ein intelligenter Junge, aber seine Noten ließen zu wünschen übrig. Er konnte dem Unterricht nur schwer folgen. Oft kam er mit blauen Flecken und Schrammen nach Hause, weil er sich in den Pausen mit anderen Kindern prügelte.

Der folgende Morgen verlief wie so oft. Während Esther das Frühstück zubereitete, schrie Gabriel Jakob an, weil der schon wieder ins Bett gemacht hatte.

Esther wusste sich mit diesem Kind keinen Rat mehr. Er saß traurig in der Ecke und wollte nichts essen. Bei lauten Geräuschen sprang er auf und versteckte sich manchmal sogar unter seinem Bett. Fast jede Nacht hatte er Alpträume. Gabriel fand Jakob aufsässig und meinte, dass er einfach lernen müsste zu gehorchen. Aber je mehr der Junge bestraft wurde, desto auffälliger benahm er sich.

Esther hatte weiche Knie, als sie das Büro der Schulleiterin betrat. Es gab im Land der Hoffnung so viele Gesetze, von denen sie nichts wusste. Die Schulleiterin, Frau Kunz, machte einen freundlichen Eindruck. „Jakob kommt in der Schule nicht gut zurecht", sagte sie. „Können Sie mir etwas über sein Leben erzählen?"

Esther erzählte Frau Kunz von dem Angriff auf ihr Dorf im Heimatland, von der Flucht ins Nachbarland und den Jahren im Flüchtlingslager. Frau Kunz hörte genau zu. Dann fragte sie: „Und wie war das alles für Jakob?"

Esther antwortete: „Keine Ahnung. Ich traue mich nicht, mit ihm darüber zu reden."

„Jakob muss über das reden, was er erlebt hat", sagte Frau Kunz. „Für ein Kind ist es oft hilfreich, ein Bild von dem zu malen, was es erlebt hat, und dann mit jemandem darüber zu reden."

Abends gab Esther Jakob Papier und Stifte und bat ihn, ein Bild zu malen von der Nacht, als sie ins Nachbarland geflohen waren. Jakob malte ein Bild nach dem anderen. Dann sagte Esther: „Erzähl mir, was auf dem ersten Bild passiert ist."

Jakob erzählte, wie er aus dem Schlaf gerissen wurde und sie überstürzt aus ihrem Haus fliehen mussten. „Wie hast du dich gefühlt?", fragte Esther. „Mama, ich hatte solche Angst." „Ja, mein Junge, wir hatten alle Angst. Die Angst war berechtigt", sagte Esther. „Und was war das Schwerste für dich in dieser Nacht?"

Jakob fragte: „Mama, wurde Papa meinetwegen geschlagen? War das meine Schuld?" Esther traute ihren Ohren nicht! Jakob dachte, er sei schuld? „Oh nein, mein Junge! Es waren böse Männer, die das deinem Vater angetan haben. Das war nicht deine Schuld." Esther umarmte ihren Jungen und er konnte gar nicht mehr aufhören zu weinen. Auch Esther kamen die Tränen.

Das war erst der Anfang. Je mehr Jakob von dem Geschehenen erzählte, desto besser wurde sein Verhalten.

Nach einigen Monaten kam Jakob freudestrahlend aus der Schule, weil sich seine Noten so sehr verbessert hatten. Esther und Gabriel lächelten sich an.

Ganz allmählich wurde die Familie von ihren seelischen Schmerzen geheilt.

✴ FRAGEN FÜR DIE DISKUSSIONSRUNDE

- ▶ Wie verhielt sich Jakob?
- ▶ Warum hatte Jakob so viele Probleme?
- ▶ Wie verhalten sich Erwachsene in Ihrem Umfeld gegenüber Kindern wie Jakob? Denken Sie, dass dieses Verhalten hilfreich ist?

2. Wie verhalten sich Kinder, die etwas Schlimmes erlebt haben?

> ► Kennen Sie Kinder, die etwas Schlimmes erlebt haben? Wie verhalten sie sich?

Schlimme Erlebnisse betreffen Kinder in vielerlei Hinsicht. Oft reagieren sie anders als Erwachsene.

A. Auswirkungen auf ihre Gefühle

- Sie können ängstlich werden. Vielleicht haben sie Angst vor Fremden, vor der Dunkelheit oder vor der Schule. Sie können auch Angst davor haben, dass wieder etwas Schlimmes passiert. Kleine Kinder klammern sich oft an ihre Eltern.
- Sie können zornig oder aggressiv werden. Kleinere Kinder streiten vielleicht mehr mit ihren Geschwistern oder Spielgefährten als zuvor. Ältere Kinder rebellieren häufiger als vorher gegen ihre Eltern oder Lehrer.
- Sie können ständig traurig sein. Wenn ein Kind unter normalen Umständen trauert, z.B. nach dem Tod eines nahestehenden Menschen, ist es zwar phasenweise traurig, spielt aber auch immer wieder zwischendurch.
- Sie können das Interesse am Leben verlieren und lustlos und gelangweilt wirken. Der seelische Schmerz nimmt ihre Gedanken ein und raubt ihnen die Energie zum Leben.
- Sie können ganz in sich gekehrt sein und reagieren möglicherweise eine Zeit lang nicht mehr auf das, was um sie herum passiert.
- Sie fühlen sich eventuell verantwortlich für das, was passiert ist.
- Ältere Kinder fühlen sich unter Umständen schuldig, dass sie selbst überlebt haben und andere nicht.

B. Auswirkungen auf ihren Körper

- Die Sprache kann betroffen sein. Sie beginnen möglicherweise zu stottern oder werden stumm.
- Manche Kinder verlieren den Appetit oder essen zu viel, um den Schmerz zu betäuben.

- Es kann sein, dass sie sich über Kopf-, Bauch- oder andere Schmerzen beklagen. Auch Erkrankungen wie Hautausschläge, Asthma und Durchfall können auftreten.

C. Auswirkungen auf ihr Verhalten

- Sie können in Verhaltensmuster einer früheren Entwicklungsstufe zurückfallen, z.B. Bettnässen oder Daumenlutschen.
- Sie können Angst vor dem Einschlafen haben.
- Sie können schlechte Träume oder Alpträume haben.
- Manche Kleinkinder schreien im Schlaf, ohne dabei aufzuwachen und lassen sich nicht beruhigen. Wenn die Kinder älter werden, hört das in der Regel auf.
- Jüngere Kinder spielen die erlebte Situation vielleicht immer wieder nach, z.B. Krieg.
- Sie können leicht reizbar sein und viel kämpfen.
- Manche weinen viel.
- Sie können besonders aufgebracht sein, wenn sie etwas verlieren, das ihnen wichtig ist, z.B. ein Kleidungsstück, ein Spielzeug oder ein Buch.
- Es kann sein, dass ihre Leistungen in der Schule stark abfallen, weil sie sich nicht konzentrieren können.
- Ältere Kinder nehmen möglicherweise Alkohol oder Drogen, um den Schmerz zu betäuben, oder sie verstricken sich in sexuelle Beziehungen.
- Es kann sein, dass Jugendliche deutlich höhere Risiken als üblich eingehen, z.B. sehr schnell mit dem Motorrad fahren oder eine gefährliche Sportart betreiben. In der Gefahr erleben sie sich als lebendig.
- Jugendliche sind manchmal selbstmordgefährdet oder verletzen sich selbst, indem sie sich z.B. am Körper ritzen.

3. Wie können wir Kindern helfen, die etwas Schlimmes erlebt haben?

✷ DISKUSSION IN KLEINGRUPPEN

▶ Was hat Kindern in Ihrem Umfeld geholfen, nachdem sie etwas Schlimmes erlebt hatten? Was haben Sie beobachtet?

A. Getrennte Familien wieder zusammen bringen und eine Routine schaffen

Sofern es möglich ist, sollten nach einem schlimmen Ereignis die Familien so schnell wie möglich wieder zusammengeführt werden. Wenn ein Kind weiß, was an einem Tag voraussichtlich passieren wird, erholt es sich schneller. Ein geregelter Tagesablauf ist also wichtig. Das Kind sollte regelmäßig zur Schule gehen und bei Hausarbeiten helfen. Vor allem sollte es Dinge tun, die ihm Spaß machen, z.B. mit Freunden spielen, kreativ tätig sein, Geschichten anhören usw.

Es ist wichtig, dass das Kind versucht, begonnene Tätigkeiten zu Ende zu führen. Dadurch merkt es, dass es selbst etwas bewirken und beeinflussen kann. So wird das Sicherheitsgefühl langsam wiederhergestellt.

Kinder haben ein feines Gespür dafür, wenn es Spannungen zwischen Vater und Mutter gibt. Deshalb sollten Eltern, besonders in einer so schwierigen Situation, bemüht sein ihre Konflikte zu lösen – um ihrer selbst und der Kinder willen.

B. Dem Schmerz der Kinder zuhören

Kinder wissen oft mehr darüber, was um sie herum passiert, als den Erwachsenen bewusst ist. Fehlende Informationen ergänzen sie so, wie es für sie Sinn ergibt. Wenn sie keine Möglichkeit haben, über das zu sprechen, was sie bewegt, entwickeln sich leicht falsche und seltsame Vorstellungen. Selbst wenn Eltern es nicht gewohnt sind, mit ihren Kindern zu reden, ist es sehr wichtig, dass sie dies während und nach einem schlimmen Ereignis tun. Sie können die folgenden drei Fragen stellen: „Was ist passiert? Wie hast du dich dabei gefühlt? Was war das Schlimmste für dich?"

Familien sollten miteinander über die schlimmen Ereignisse **reden.** Dabei sollte jedes Kind erzählen können, wie es sich in der Situation gefühlt hat. Es ist durchaus möglich, dass Kinder Probleme haben und sie verbergen. Gerade dann sollten sie die Möglichkeit haben sich mitzuteilen. Abgesehen davon ist es gut, wenn Eltern mit jedem Kind einzeln reden.

Jüngere Kinder können sich oft besser durch **Spielen** ausdrücken als durch Reden. Wenn Kinder ein schlimmes Erlebnis nachspielen, hilft es ihnen den Schmerz abzubauen, den sie erlebt haben. Eltern sollten die Kinder fragen, was sie spielen und wie sie sich dabei fühlen. So können sie vom Gespräch über das Rollenspiel in ein Gespräch über das Erleben des Kindes übergehen. Der Einsatz von Handpuppen oder Kuscheltieren kann hierbei hilfreich sein.

Auch durch **Malen** können Kinder ihren Schmerz ausdrücken. Eltern können ihren Kindern Papier und Stifte oder Kreide geben oder sie im Sand malen lassen. Wenn ein Kind nicht weiß, was es malen soll, können die Eltern dazu auffordern einen Menschen zu malen, dann die Familie und den Ort, an dem sie vorher gewohnt haben. Danach bitten sie ihr Kind das Bild zu erklären. Das Ziel ist, dass das Kind über seinen Schmerz spricht. Korrigieren Sie es dabei nicht.

Wenn Kinder schlechte Träume haben, erklären Sie ihnen, dass es normal ist, von schlimmen Erlebnissen zu träumen. Ermutigen Sie sie, über ihre Träume zu sprechen. Fragen Sie, ob ihre Träume etwas mit ihrem Erlebnis zu tun haben könnten. Denken Sie sich gemeinsam ein gutes Ende des Traumes aus.

Bild eines Kindes über seine Erfahrung im Krieg

C. Den Kindern die Wahrheit sagen

Kinder sollten ihrem Alter gemäß darüber informiert werden, was wirklich passiert ist. Sie sollten wissen, ob jemand gestorben ist und ob weiterhin Gefahr besteht oder nicht. Die reale Gefahr zu kennen ist wichtig und besser, als über alle möglichen Gefahren zu fantasieren. Andererseits sollten die Eltern die Gefahr nicht aufbauschen oder ständig über Gefahren reden, die unwahrscheinlich sind.

Allerdings sollten Eltern einen Plan aufstellen, was zu tun ist, wenn wieder etwas Schlimmes passiert. Dieser Sicherheitsplan sollte offen mit den Kindern besprochen werden.

D. Sich als Familie täglich austauschen

Familien sollten besonders in schwierigen Situationen an jedem Tag Zeit einplanen, um miteinander zu reden. Das Ende des Tages ist ein guter Moment dafür. Jeder, Jung und Alt, sollte erzählen, was er an dem Tag gesehen und empfunden hat. Auch kleine Kinder brauchen die Möglichkeit, über ihre seelischen und körperlichen Bedürfnisse zu reden. Zusammen reden und beten kann Hoffnung und Sicherheit vermitteln.

Sobald Kinder über ihr Erlebnis sprechen können, kann man sie anleiten, auch mit Gott darüber zu reden. Schlimme Ereignisse können eine Familie näher zusammenbringen, wenn man sie in guter Weise verarbeitet.

Bis zum 6. Lebensjahr können Kinder sich die Endgültigkeit des Todes noch nicht vorstellen und nehmen an, dass der Verstorbene irgendwann zurückkommt. Erst später realisieren sie, dass der Tod unwiederbringlich ist.

Ältere Kinder sind an den konkreten und praktischen Details des Todes interessiert und fragen z.B.: „Was passiert mit dem Leichnam, wenn er begraben ist?" Oft fragen sie sich, ob sie Mitschuld an dem Tod haben.

Bei Jugendlichen kommen auch geistliche Fragen auf wie: „Warum hat Gott das zugelassen? Wird er zulassen, dass mir das auch passiert?"

Erlauben Sie Ihrem Kind solche Fragen zu stellen, auch wenn es schwierig ist, eine vollständige Antwort darauf zu finden. Versuchen Sie, die Fragen so gut wie möglich zu beantworten und dabei das Vertrauen des Kindes in Gott zu stärken. Das fördert den Heilungsprozess.

Jedem Familienmitglied sollte geholfen werden zu verstehen, dass Gott immer noch da ist und dass er sich um jeden Einzelnen kümmert. Wer möchte, kann einen Vers aus Gottes Wort aussuchen und ihn auswendig lernen, z.B.:

- Psalm 121,4:   Gott ist ein Wächter, der niemals schläft.
- 1. Petrus 5,7:   Gott kann alle unsere Ängste wegnehmen.
- Psalm 23,1:   Gott sorgt sich um alle unsere Bedürfnisse.
- Psalm 46,2:   Gott ist immer da, er ist unsere Zuflucht.
- Sprüche 3,5:   Gott möchte, dass wir ihm vertrauen.

- ▶ Hören in Ihrer Kultur Eltern ihren Kindern zu? Reden sie mit ihnen? Falls nein, warum nicht?
- ▶ Lesen Sie dazu Markusevangelium 10,13–16 und 5. Mose 6,4–9. Was sagen uns diese Abschnitte darüber, wie wir mit Kindern umgehen sollen?
- ▶ Wie können Sie Kindern die Möglichkeit bieten, über ihre schmerzhaften Erlebnisse zu sprechen?

E. Die speziellen Bedürfnisse der Jugendlichen berücksichtigen

Jugendliche sind in einer schwierigen Lebensphase – selbst ohne Krieg und Traumata. Manche Probleme, die normalerweise eher nach einem traumatischen Erlebnis auftreten, können bei Jugendlichen auch einfach durch diese schwierige Lebensphase bedingt sein oder verstärkt werden (z.B. Angst, depressive Verstimmung, Rückzug).

Jugendliche, besonders Mädchen, haben ein Bedürfnis nach Privatsphäre. Wenn eine Familie dieses Bedürfnis versteht, ist das schon eine große Hilfe, selbst wenn sie dem Mädchen aufgrund der Heimatlosigkeit oder einer anderen Krise nicht viel Privatsphäre geben kann.

Jugendliche brauchen Gleichaltrige, mit denen sie sich unterhalten können. Sie sollten zu diesem Austausch ermutigt werden, besonders nach einem traumatischen Ereignis.

Jugendliche wollen sich nützlich fühlen, vor allem dann, wenn die Familie durch Schwierigkeiten geht. Sie fühlen sich wertvoll, wenn sie Dinge tun können, die der Familie beim Überleben helfen.

F. Lehrer und Schulverwaltung müssen verstehen, was passiert ist

Eltern oder Gruppenleiter der Kinder sollten einen Termin mit dem Direktor der Schule und den Lehrern machen, um ihnen zu erklären, was passiert ist. Es ist wichtig, dass sie verstehen, wie die Ereignisse sich auf die Kinder und ihre Leistungen in der Schule auswirken. Wenn die Lehrer die Situation verstehen, werden sie geduldiger mit den Kindern sein und so zum Heilungsprozess beisteuern.

G. In schweren Fällen rechtzeitig Hilfe aufsuchen

Wenn bei Kindern oder Jugendlichen die aufgetretenen Schwierigkeiten nicht in einem angemessenen Zeitrahmen nachlassen oder sich die Familie überfordert fühlt, ist professionelle Hilfe angezeigt.

Es ist wichtig nicht zu lange zu warten, bis man Hilfe in Anspruch nimmt, denn sonst kann die Traumatisierung die Entwicklung des Kindes beeinträchtigen.

4. Wie können wir Kindersoldaten helfen?

In der heutigen Welt werden viele Kinder entführt und dazu gezwungen, Soldaten, Extremisten, Terroristen oder Selbstmordattentäter zu werden. Andere schließen sich vielleicht auch freiwillig der Armee an, weil sie arm und hungrig sind, weil ihre Familie getötet wurde und sie nirgendwo anders hingehen können, weil sie wütend auf den Feind sind oder weil sie vor ihren Freunden als mutig erscheinen wollen. Insbesondere junge Menschen erleiden Traumata, wenn sie dem Kämpfen und Töten ausgesetzt sind. Sie können sich nur zu emotional gesunden Erwachsenen entwickeln, wenn sie viel Hilfe bekommen.

Ehemalige Kindersoldaten finden es sehr schwer zu einem normalen Leben zurückzukehren. Oft haben sie viele Gewalttaten erlebt und gelernt, Probleme mit Gewalt zu lösen. Es kann sein, dass sie dazu gezwungen wurden, ihrer eigenen Familie oder ihrer Gemeinschaft schreckliche Dinge anzutun. Wenn möglich, sollten sie zu ihren Familien zurückkehren, aber aufgrund dessen, was sie getan haben, kann dies sehr schwierig werden. Die Leute haben vermutlich Angst vor ihnen oder hassen sie.

Bevor ehemalige Kindersoldaten nach Hause zurückkehren und in die Schule gehen können, brauchen sie besondere Hilfe. Es gibt Organisationen, die Heime speziell für diese Kinder betreiben. Möglicherweise ist es gut, wenn sie einige Zeit in einem solchen Heim verbringen. Wie alle, die ein Trauma erlebt haben, sollten sie ihre Geschichte erzählen können und gehört werden. Es hilft auch ihnen, Bilder zu malen von dem, was sie getan und gesehen haben, oder es in einem Theaterstück darzustellen. Bevor sie zu einem normalen Leben zurückkehren können, sollten sie erfahren, dass andere sie lieben und ihnen ihre Zuneigung zeigen. Sie sollten lernen, dass Gewalt keine Probleme löst. Wenn sie sich davon distanzieren, dürfen sie sich der Vergebung Gottes gewiss sein (1. Johannesbrief 1,8–9).

Die Gemeinschaft sollte den Schmerz, den Verlust und das Trauma, das die Kindersoldaten erlebt haben, verstehen und anerkennen. Beide, die Gemeinschaft und die ehemaligen Kindersoldaten, sollten ihren Schmerz an Gott abgeben, sodass Er sie heilen kann. Sie sollten ihre Sünden bekennen, sich gegenseitig vergeben und sich miteinander versöhnen. Während die ehemaligen Kindersoldaten sich wieder ins normale Leben integrieren, brauchen auch ihre Familien Hilfe und Ermutigung. Die Kinder werden sich verändert haben und es wird eine Weile dauern, bis die Beziehungen wiederhergestellt sind.

Es ist Aufgabe der geistlichen Leiter, eine Gemeinschaft darüber zu informieren, wie schrecklich es ist, wenn Kinder dazu gezwungen werden, Soldaten, Extremisten oder Terroristen zu werden.

ABSCHLIEßENDE DISKUSSION UND GEBET IN KLEINGRUPPEN

- ▸ Gibt es Kinder in Ihrem Umfeld, die besondere Hilfe brauchen?
- ▸ Was sollte für sie getan werden?
- ▸ Beten Sie gemeinsam für diese Kinder.

Lektion 5.

SEXUELLE GEWALT

Dies ist ein schwieriges und für Betroffene oft schmerzhaftes Thema. Bitte achten Sie während der Lektion auf Ihre Gefühle. Wenn Sie sich unbehaglich fühlen, sprechen Sie bitte mit einem Kursleiter oder verlassen Sie den Raum.

1. Geschichte: Esthers Geheimnis

Gabriel und Jakob kamen nach Hause und machten einen Ringkampf auf Jakobs Bett. Da bemerkte Gabriel ein ordentlich zusammengefaltetes Blatt unter dem Kopfkissen. „Nicht gucken, Papa. Bitte nicht gucken!", flehte Jakob. Aber Gabriel faltete das Blatt auseinander. Es war ein gemaltes Bild von einer Frau, die auf dem Boden lag, Männer lagen auf ihr. Überall lag Feuerholz verstreut. Zwei Kinder standen daneben.

„Was ist das?", fragte Gabriel. Jakob sagte nichts. „Sag es mir, mein Junge!" Ganz leise sagte Jakob: „Es ist Mama. Im Flüchtlingslager. Die bösen Männer wollten sie töten."

Gabriel nahm die Zeichnung und zeigte sie Esther. „Sag mir, was das zu bedeuten hat!", sagte er. „Oh, Gabriel, das ist lange her", sagte sie und versuchte ruhig zu klingen. „Kurz bevor wir das Flüchtlingslager verließen, wurden wir beim Holzsammeln angegriffen. Aber wir überlebten."

Gabriel antwortete: „Esther, ich muss genau wissen, was passiert ist." Schließlich erzählte Esther Gabriel, was sie all die Jahre für sich behalten hatte.

„Als ich im Flüchtlingslager Feuerholz sammelte, haben mich drei Männer vergewaltigt, einer nach dem anderen." Die Tränen liefen ihr übers Gesicht, als sie sich an diese Schande erinnerte. „Jackie und der kleine Jakob waren bei mir. Sie haben alles mit angesehen."

Gabriel sagte: „Deshalb bist du mir gegenüber so kalt! Warum hast du mir nichts davon erzählt? Du hast es mir verheimlicht!" Er lief wutentbrannt in sein Zimmer, knallte die Türe zu und kam selbst zum Essen nicht heraus.

Einige Tage später besuchte Esther Maria. Sie erzählte Maria von der sexuellen Gewalttat und von Gabriels Reaktion. Dabei musste sie bitterlich weinen. Maria hörte gut zu. Esther ging es danach besser, der innere Druck war weg.

Maria fragte: „Darf ich es Paul erzählen und ihn bitten mit Gabriel zu reden?" Esther stimmte zu.

In den folgenden Wochen sprachen die Männer über das Geschehene und darüber, wie Gabriel sich dabei fühlte. Schließlich sagte er: „Ich weiß, dass es nicht Esthers Schuld war, aber ich kann sie im Moment nicht anfassen."

Paul hörte Gabriel zu. Schließlich schlug er vor: „Du könntest doch einmal einen Brief an Gott schreiben. Du könntest ihm genau beschreiben, wie du dich fühlst, und ihn bitten, dir zu helfen."

Gabriel ging nach Hause und dankte Gott für so einen guten Freund. Nach einiger Zeit konnten Gabriel und Esther über die Vergewaltigung sprechen. „Es tut mir leid, wie ich mich verhalten habe, Esther", sagte Gabriel. „Ich habe dich verletzt, anstatt dir zu helfen." Sie sagte: „Gabriel, ich verzeihe dir. Es tut mir leid, dass ich das so lange für mich behalten habe."

An diesem Abend zog Esther aus Jackies Zimmer aus. Gabriel freute sich sehr.

 **FRAGEN FÜR DIE DISKUSSIONSRUNDE**

- ▶ Welche Auswirkung hatte die sexuelle Gewalttat auf Esther? Welche Auswirkung hatte sie auf Gabriel?
- ▶ Warum hat Esther Gabriel nichts von der sexuellen Gewalttat erzählt?
- ▶ Wann begann für Esther der Heilungsprozess?

2. Was ist sexuelle Gewalt?

Von sexueller Gewalt spricht man, wenn jemand an einer anderen Person ohne deren Einverständnis sexuelle Handlungen vornimmt. Das kann durch physische Gewalt geschehen oder durch Androhung von Gewalt, wenn das Opfer nicht freiwillig mitmacht.

Frauen, Mädchen, Männer oder Jungen können sexuelle Gewalt erleben. Häufig ist der Täter ein Bekannter, dem man vertraut hatte. Es kann aber auch ein Fremder sein. Sexuelle Gewalt kann sogar innerhalb einer Ehe stattfinden. Schon in Friedenszeiten ist sexuelle Gewalt ein Problem, aber noch mehr in Kriegszeiten. Da wird sie als Mittel der Kriegsführung zur Demütigung der Unterlegenen eingesetzt.

 **DISKUSSION IN DER GROßEN GRUPPE**

> ▸ Wer trägt die Konsequenzen einer sexuellen Gewalttat?
> ▸ Wer ist verantwortlich für eine sexuelle Gewalttat?
> ▸ Warum, denken Sie, finden sexuelle Gewalttaten statt?

Der Täter allein ist verantwortlich für seine Tat, aber oft trägt das Opfer die Konsequenzen allein und wird sogar als schuldig angesehen. Das macht den Schmerz umso schlimmer. Der Täter wird in der Regel von dem Verlangen getrieben, Macht über eine andere Person zu haben, was er notfalls mit Gewalt durchsetzt. Die Motivation ist nicht in erster Linie das Verlangen nach Sex.

3. Welche Auswirkungen hat das Erleben sexueller Gewalt?

Sexuelle Gewalt ist eine der schmerzvollsten Erfahrungen, die jemand erleben kann. Diese Erfahrung kann sich auf alle Bereiche des Lebens auswirken und hinterlässt tiefe seelische Verletzungen, oftmals für lange Zeit. Da sich die Opfer für die sexuelle Gewalttat schämen und sich vor den Konsequenzen des Bekanntwerdens fürchten, schweigen sie oft darüber. Aber nicht darüber zu sprechen bedeutet noch lange nicht, dass nichts passiert ist.

A. Wie wirkt sich das Erleben sexueller Gewalt auf das Opfer aus?

DISKUSSION IN KLEINGRUPPEN

> Jede Gruppe beschäftigt sich mit einer oder beiden der folgenden Fragen:
> ▸ Wie wirkt sich das Erleben sexueller Gewalt auf Frauen oder Mädchen aus?

▶ Wie wirkt sich das Erleben sexueller Gewalt auf Männer oder Jungen aus?

👥 Sammeln Sie die Antworten in der großen Gruppe; fügen Sie dann von der folgenden Liste hinzu, was noch nicht erwähnt wurde.

Es kann sein, dass...

- man niemand von der Gewalttat erzählen will, aus Angst getötet zu werden oder Schande über die Familie zu bringen;
- man sich zutiefst schämt, weil man das Gefühl hat, über und über beschmutzt zu sein;
- man sich hilflos, zerstört, wertlos und nicht mehr begehrenswert fühlt;
- man versucht den Schmerz zu bagatellisieren, zu leugnen oder zu vergessen;
- man denkt, man habe die Gewalttat selbst verschuldet und verdient, oder etwas würde mit einem nicht stimmen;
- man tief traurig ist und versucht, seine Gefühle mit Alkohol, Drogen oder Essen zu betäuben;
- man eine sexuell übertragbare Krankheit oder eine körperliche Verletzungen davonträgt;
- man sich das Leben nehmen will;
- man ständig in Alarmbereitschaft ist;
- man die Gewalttat für eine Strafe Gottes hält;
- man wütend, gewalttätig und sogar selbst zum Täter wird, weil man das Bedürfnis hat andere so zu verletzen, wie man selbst verletzt wurde;
- man Angst vor Geschlechtsverkehr hat oder keine Freude mehr dabei empfindet (möglicherweise wegen Verspannungen und Schmerzen);
- man ständig den Partner wechselt oder das Sexualleben anderweitig beeinträchtigt ist;
- man zornig auf Gott ist und Ihm nicht mehr vertraut, dass Er einen beschützt;
- man denkt, man sei verrückt oder besessen.

Spezifische Auswirkungen auf weibliche Opfer:

- Frauen, die Opfer sexueller Gewalt wurden, können vielleicht nie mehr heiraten oder sie werden gezwungen, den Täter zu heiraten.
- Wenn sie von der sexuellen Gewalttat schwanger werden, ziehen sie unter Umständen einen Schwangerschaftsabbruch mit allen Konsequenzen in Erwägung.
- Sie können wütend sein auf andere Menschen, z.B. auf alle Männer.

Spezifische Auswirkungen auf männliche Opfer:

- Sie stellen möglicherweise ihre Identität als Mann in Frage.

B. Wie wirkt sich das Erleben sexueller Gewalt auf die Angehörigen des Opfers aus?

 DISKUSSION IN KLEINGRUPPEN

Jede Gruppe beschäftigt sich mit einer oder mehreren der folgenden Fragen:
- ► Wie wirkt sich das Erleben sexueller Gewalt auf die Ehe aus?
- ► Wie wirkt sich das Erleben sexueller Gewalt auf die Familie aus?

Sammeln Sie die Antworten in der großen Gruppe; fügen Sie dann von der folgenden Liste hinzu, was noch nicht erwähnt wurde.

- Eine sexuelle Gewalttat kann die Ehre der ganzen Familie zerstören und ihren Ruf ruinieren. Um die Ehre wiederherzustellen, kann es sein, dass das Opfer umgebracht wird.
- Um den Frieden zu wahren, leugnet die Familie vielleicht den Vorfall und behauptet, das Opfer lüge (besonders wenn die Tat von einem anderen Familienmitglied begangen wurde).
- Oft gilt eine vergewaltigte Frau für ihren Ehemann als unrein. Er will sich ihr nicht mehr nähern und sie nicht mehr berühren. Wenn das passiert, schämt sich die Frau noch mehr und fühlt sich noch einsamer. Der Mann hat vielleicht auch Angst davor, sich mit einer ansteckenden Geschlechtskrankheit bei seiner Frau zu infizieren.
- Die Schwestern des Opfers können genauso stigmatisiert werden wie das Opfer selbst. Möglicherweise wird sie niemand heiraten wollen.

- Kinder verlieren ihre Mutter, wenn sie umgebracht wurde, um die Ehre der Familie zu retten.
- Die Gewalttat kann auch bei jedem anderen Familienmitglied zu tiefen Depressionen, Sucht oder Selbsttötung führen.
- Da das Opfer Wut und Hass in sich trägt, behandelt es die anderen Familienmitglieder unter Umständen unfreundlich und barsch.
- Männliche Opfer werden vielleicht von ihren Familien verurteilt, weil sie nicht männlich gehandelt haben oder feige waren.
- Wenn ein Kind bei der sexuellen Gewalttat gezeugt wurde, kann es sein, dass es von der Mutter oder der Familie abgelehnt wird. Es braucht besondere Fürsorge.

4. Wie können wir jemandem helfen, der Opfer sexueller Gewalt wurde?

A. Medizinische und juristische Hilfe aufsuchen

Kontaktieren Sie umgehend ein Zentrum für Opfer sexueller Gewalt, falls es ein solches in Ihrem Umkreis gibt.* Dort weiß man am besten, was zu tun ist, um den Opfern zu helfen.

Opfer sexueller Gewalt brauchen sofortige Hilfe. Je früher sie medizinisch versorgt werden, desto besser. Auch wenn die sexuelle Gewalttat schon länger her ist, lohnt es sich, Hilfe zu suchen. Ein Arzt wird Infektionen und Verletzungen wie Knochenbrüche oder innere Blutungen ausschließen. Es gibt Medikamente, die die Wahrscheinlichkeit reduzieren, dass sich das Opfer mit HIV, Geschlechtskrankheiten, Tetanus, Hepatitis B, usw. ansteckt. Sie sollten möglichst bald nach einer Vergewaltigung verabreicht werden. Wenn bei dem Opfer eine Schwangerschaft festgestellt wird, ist spezielle Hilfe notwendig.

Das Ausüben sexueller Gewalt gilt in deutschsprachigen Ländern als Verbrechen, das bestraft wird. Wenn sich die sexuelle Gewalt gegen Kinder und Jugendliche richtet, sollte Anzeige erstattet werden. Auf jeden Fall sollte die Beratung durch die „insofern erfahrene Fachkraft" des Jugendamtes in Anspruch genommen werden.

* Unter hilfeportal-missbrauch.de können Sie Beratungsstellen in Ihrer Region finden. Es gibt auch ein kostenloses telefonisches Beratungsangebot: 0800-2255530 oder 08000-116 016, 24h in allen Sprachen.

Erwachsene Opfer sexueller Gewalt müssen einer Anzeige bei der Polizei zustimmen. Oft wollen sie das nicht. Aber ein Gespräch mit einer Fachkraft in einem Beratungszentrum kann ihnen helfen zu entscheiden, was zu tun ist. Eine Vertrauensperson sollte das Opfer gegebenenfalls zum Arzt und zur Polizei begleiten. Die Vertrauensperson kann trösten und unterstützen und beim Beantworten der vielen schwierigen Fragen helfen.

B. Dem Opfer helfen innerlich heil zu werden

 DISKUSSION IN DER GROSSEN GRUPPE

> ▸ Was können wir tun, um den Heilungsprozess von Opfern zu fördern?

Sammeln Sie die Antworten; fügen Sie dann von der folgenden Liste hinzu, was noch nicht erwähnt wurde.

- Opfer sexueller Gewalt brauchen jemanden zum Reden. Sie wissen, wem sie sich anvertrauen können, deshalb sollten sie sich den Gesprächspartner selbst aussuchen dürfen. Da sie sich oft zutiefst schämen, erzählen sie ihren Schmerz nur jemandem, dem sie vertrauen, dass er das Gehörte nicht weitersagt.
- Der Gesprächspartner sollte aufmerksam und geduldig sein und es der betroffenen Person leicht machen offen zu reden, wenn sie das will. Keinesfalls darf er ihr Vorwürfe machen oder ihr die Schuld für die Gewalttat zuschreiben.
- Der Gesprächspartner sollte das Opfer auch nicht einfach berühren oder es in guter Absicht umarmen. Vor Berührungen muss immer gefragt werden, ob das okay ist.
- Ein wichtiges Ziel bei Gesprächen mit Opfern ist, dass ihnen klar wird, welche Auswirkungen die sexuelle Gewalttat auf ihr Leben haben kann.
- Sie sollten auch begreifen, dass ihre Gefühle normal sind. Sehr oft sind Opfer sexueller Gewalt zornig auf Gott. Das ist in Ordnung. Gott akzeptiert ihre Wut und liebt sie trotzdem. Es ist besser ehrlich zu seinen Gefühlen zu stehen, als sie zu verbergen.
- Bagatellisieren Sie ihre Gefühle nicht.

- Helfen Sie ihnen, ihrem Schmerz Ausdruck zu verleihen. Opfer mit unrealistischer Hoffnung zu ermutigen, ist nicht hilfreich. Sagen Sie zum Beispiel nicht: „Es wird schon wieder" oder „Bald ist alles wieder gut".
- Bestätigen Sie den Wert und die Würde der betroffenen Person, um ihr zu helfen ihr Schamgefühl zu überwinden.
- Helfen Sie ihr, wenn sie über Fragen grübelt wie: „Warum ist mir das passiert? Womit habe ich das verdient?" Stellen Sie sicher, dass sie weiß, dass es nicht ihre Schuld ist, egal was andere sagen. Helfen Sie ihr zu verstehen, dass sie leidet, weil andere falsche und böse Entscheidungen getroffen haben. (Wenn nötig, arbeiten Sie Lektion 1 mit ihr durch: Woher kommt das Leid in der Welt?).
- Ermutigen Sie das Opfer einen Klagepsalm zu schreiben (siehe Lektion 3), seinen Schmerz zu Gott zu bringen und Ihn um Heilung zu bitten.
- Geben Sie dem Opfer die Möglichkeit, seine Verluste zu betrauern. Dabei sollte es so spezifisch wie möglich sagen, was es durch die sexuelle Gewalttat verloren hat, z.B. Unschuld, Reinheit, Freude. Die betroffene Person kann Gott darum bitten, die Wunden in ihrem Inneren zu heilen und ihr das Verlorene neu zu schenken (Psalm 71,20–21).
- Helfen Sie dem Opfer, sich wieder sicher zu fühlen und erneut Kontrolle über sein Leben zu gewinnen. Wenn die sexuellen Übergriffe anhalten, helfen Sie ihm aus der Situation herauszukommen. Halten Sie den Täter von dem Opfer fern.
- Opfer sexueller Gewalt müssen wissen, dass sie geliebt sind. Möglicherweise ist die einzige Liebe, die sie akzeptieren können, die ihrer Mitmenschen. Wenn sie erleben, dass andere sie immer noch wertschätzen und lieben, stellen sie langsam fest, dass sie doch nicht völlig zerstört sind. Der Ehepartner und andere Familienmitglieder spielen dabei eine tragende Rolle.
- Beten Sie für das Opfer, und wenn es bereit dazu ist, beten Sie mit ihm. Nach einiger Zeit ist es dann vielleicht bereit, Trost aus der Heiligen Schrift anzunehmen. Hilfreiche Abschnitte sind Psalm 9,10–11; 10,17–18.

5. Wie können wir dem Täter helfen innerlich heil zu werden?

✸ DISKUSSION IN DER GROßEN GRUPPE

> ▸ Was können wir tun, um den Heilungsprozess von Tätern zu
> fördern?

👤 Sammeln Sie die Antworten; fügen Sie dann von der folgenden Liste
hinzu, was noch nicht erwähnt wurde.

- Helfen Sie dem Täter zu erkennen, dass er ein Problem hat und
  dass seine Tat falsch, verletzend, sündhaft und nicht akzeptabel
  ist. Oft täuscht sich ein Täter selbst und beschuldigt andere.
- Helfen Sie ihm herauszufinden, woher sein tiefes Verlangen nach
  sexueller Gewalt und Macht über andere kommt und helfen Sie ihm
  sich dem Problem zu stellen. Menschen, die andere vergewaltigen,
  sind oft selbst Opfer sexueller Gewalt, oder sie üben Macht und
  Kontrolle über andere aus, weil ihr eigenes Leben außer Kontrolle
  gerät. Ihre Gefühle gegenüber sich selbst und anderen sind oft
  wie betäubt.
- Er sollte bereuen, was er getan hat und Verantwortung für sein
  Handeln übernehmen (z.B. durch Selbstanzeige, therapeutische
  Begleitung...).
- Er sollte Gott bitten, ihm seine Tat zu vergeben und er sollte sich
  selbst vergeben.
- Wenn das Opfer bereit ist, mit dem Täter zu sprechen, kann er es
  um Vergebung bitten und seine Reue auch in Taten zeigen (Lukas-
  evangelium 3,8; Apostelgeschichte 26,20b; 4. Mose 5,5–7).
- Der Täter sollte sich bereit erklären, jemand anderem regelmäßig
  Rechenschaft abzulegen.
- Er muss akzeptieren, dass es Zeit braucht, missbrauchtes Ver-
  trauen wiederherzustellen, und dass Versöhnung vielleicht nie
  möglich sein wird.
- Er muss auch rechtliche und gesellschaftliche Konsequenzen für
  seine Tat akzeptieren.
- Wenn er Drogen oder Alkohol konsumiert, sollte er sich dem Pro-
  blem stellen. Selbsthilfegruppen können ihn dabei unterstützen.
  Auch wenn Alkohol und Drogen nicht die Ursachen des Problems

sind, können sie zur Gewalttat beitragen und den Heilungsprozess des Täters hemmen.

- Er braucht jemanden an seiner Seite, der ihm zeigt, wie man gesunde Beziehungen pflegt, jemanden, der mit ihm betet und ihn täglich zur Verantwortung zieht.

Die Gemeinschaft sollte den Täter von gefährdeten Personen fernhalten.

✺ DISKUSSION IN KLEINGRUPPEN

► Was könnten wir praktisch tun, um gefährdete Personen vor Vergewaltigern zu schützen?

👥 Sammeln Sie die Antworten in der großen Gruppe.

6. Was ist mit Kindern, die bei einer sexuellen Gewalttat gezeugt wurden?

✺ DISKUSSION IN DER GROßEN GRUPPE

► Gibt es in Ihrem Umfeld Kinder, die gehänselt oder abgelehnt werden, weil sie bei einer sexuellen Gewalttat gezeugt wurden? Falls ja, was können Sie tun, um ihnen zu helfen?

A. Warum haben diese Kinder besondere Bedürfnisse?

Manchmal werden Kinder, die bei einer sexuellen Gewalttat gezeugt wurden, von ihren Müttern und ihrer Familie abgelehnt. Unter Umständen werden sie schlecht behandelt oder stark vernachlässigt. Ihre Geschwister lehnen sie ab und sehen sie nicht als vollständige Familienmitglieder an. Wenn sie im Kindergarten oder in der Schule sind, werden sie möglicherweise ausgelacht, weil sie keinen Vater haben oder nicht so aussehen wie die anderen.

B. Wie können wir diesen Kindern helfen?

Gott liebt die vaterlosen Kinder (5. Mose 10,18). In Psalm 68,6–7a steht: *„Vater der Waisen, Beistand der Witwen – das ist Gott in seiner heiligen Wohnung! Den Einsamen schafft er eine Familie, die Gefangenen führt er in Freiheit und Glück."*

Wir sollten Gott um besondere Liebe für diese Kinder bitten, denn sie brauchen unsere Liebe noch viel mehr als andere Kinder. Sie brauchen auch besonderen Zuspruch aus dem Wort Gottes, das ihnen versichert, dass sie kein „Unfall" sind. Hilfreiche Abschnitte sind Psalm 139,13–18 und Jesaja 49,15. Die Kinder sind auf keinen Fall verantwortlich für die schlimme Tat.

Wenn die Kinder anfangen danach zu fragen, wer ihr leiblicher Vater ist, brauchen sie eine Antwort. Sie spüren meistens sowieso mehr, als man denkt. Lassen Sie sich bitte über die Art und Weise der altersgerechten Vermittlung fachlich beraten (bei Beratungsstellen oder Fachberatern für sexuelle Gewalt beim Jugendamt).

Zeigt man einem solchen Kind Liebe, ist das ein Bild für die Liebe Gottes, der uns unabhängig von unserer Herkunft liebt. Geistliche Leiter sollten der Familie und der Gemeinschaft helfen, ein solches Kind zu akzeptieren. Wenn eine Segnungsfeier oder eine Feier zur Namensgebung stattfindet, können sie um Gottes besonderen Segen für das Baby und seine Familie bitten, ohne jemanden zu beschämen.

NÜTZLICHE INFOS:

- Zum Schutz von Kindern und Jugendlichen gibt es in deutschsprachigen Ländern eine Überprüfung von ehrenamtlichen Mitarbeitern. In Deutschland muss ein erweitertes polizeiliches Führungszeugnis vorgelegt werden, in der Schweiz ein sogenannter Sonderprivatauszug aus dem Strafregister. In Österreich ist eine Strafregisterbescheinigung für ehrenamtliche Mitarbeiter freiwillig.
- Einrichtungen und Organisationen, denen Kinder und Jugendliche anvertraut sind, wurden aufgefordert, ein Programm zur Verhinderung von sexueller Gewalt vorzulegen.
- Die Freiheitsstrafe beträgt bei sexueller Nötigung 6–12 Monate, bei Vergewaltigung 2–15 Jahre. Die Verjährungsfrist für Vergewaltigung und schwere Sexualdelikte beträgt 20 Jahre.

Lektion 6A.

HÄUSLICHE GEWALT

1. Geschichte: Jonathan und Deborah

Jonathan, der Sohn von Gabriel und Esther, hat seine Traumfrau geheiratet, Deborah. Sie lernten sich in der Schule kennen und heirateten kurz nach ihrem Abschluss. Nach einem Jahr schrie Jonathan seine Frau fast täglich aus verschiedenen Gründen an. Eines Abends, als Jonathan von der Arbeit nach Hause gekommen war, wollte Deborah gerne mit ihm über eine größere Wohnung sprechen.

„Aber sie ist so schön!", sagte sie, „und nicht viel teurer als unser Nestchen hier!"

„Hör auf, Deborah!", sagte Jonathan und schlug dabei mit der Faust auf den Tisch. „Die können wir uns nicht leisten. Verstehst du das nicht?" Und bevor ihm bewusst wurde, was er tat, packte er sie am Hals und begann sie zu würgen. Sie rang nach Luft. Endlich hörte er auf, verließ wütend die Wohnung und schlug die Tür hinter sich zu. Die Woche davor war er explodiert, als sie ein neu gekauftes Kleid vorführte. Er gab zu, dass sie darin wunderschön aussah, aber sie konnten es sich nicht leisten. Außerdem gab sie Geld für teure Lebensmittel aus, die sie nicht brauchten. „Wenn sie doch nur wüsste, wie sie eine bessere Ehefrau sein könnte!", dachte er.

Nach jedem heftigen Streit kaufte er ihr Pralinen, entschuldigte sich zutiefst und versprach, sie nie wieder anzuschreien. Sie nahm die Entschuldigung an und glaubte ihm, dass er sein Versprechen halten würde. Sie versöhnten sich wieder. Aber kurze Zeit später schrie er sie wieder an, obwohl er es gar nicht wollte. Und nun hatte er sie sogar gewürgt. Es machte ihm Angst.

Deborah machte es ebenfalls Angst. Sie beschloss, Maria aufzusuchen und sie um Rat zu fragen. Maria wunderte sich, wie blass und zitternd Deborah vor der Tür stand und bat sie herein. Sie fragte: „Was ist passiert?" Weinend erzählte Deborah alles. „So habe ich mir das Eheleben nicht vorgestellt! Ich versuche alles zu tun, was er möchte, aber nie ist es genug!", sagte sie.

Maria holte tief Luft. „Nun, Deborah, im Wort Gottes steht zwar, dass eine Frau vor ihrem Ehemann Respekt haben soll, aber im folgenden Vers steht, dass Männer ihre Frauen lieben sollen. Als Jonathan dich geheiratet hat, hat er versprochen, dich zu lieben und für dich zu sorgen. An dieses Versprechen hält er sich nicht. Du alleine kannst eure Ehe nicht retten."

Deborah klagte: „Ich bin keine gute Ehefrau." Wieder weinte sie. Maria sagte: „Deborah, ich weiß, dass du eine liebevolle Frau bist. Jonathans Wut muss einen anderen Grund haben. Soll Paul mal mit ihm reden?" Deborah war einverstanden. Maria fuhr fort: „Jonathans Problem ist nicht über Nacht gekommen und es geht auch nicht über Nacht wieder weg." Sie einigten sich, dass Deborah vorerst zu ihren Eltern ziehen würde.

Jonathan kam an diesem und an den folgenden Abenden nicht nach Hause. Als er schließlich auftauchte, ging Paul zu ihm. Sie unterhielten sich und Jonathan erklärte: „Meine Ehe ist zur Hölle geworden. Wenn Deborah eine bessere Ehefrau wäre, müsste ich nicht immer so wütend werden." Paul ermutigte Jonathan darüber nachzudenken, warum er so gewalttätig mit Deborah umging. Die Männer redeten bis spät in die Nacht und trafen sich von nun an jede Woche.

Allmählich begann Jonathan zu verstehen. „Ich denke, der Krieg hat unsere ganze Familie verletzt", sagte er. „Mein Vater wurde wütend und gewalttätig und jetzt mache ich es genauso! Ich habe Angst, wieder alles zu verlieren! Ich will diese Angst nicht mehr!"

Paul hatte den Eindruck, dass Jonathan es ernst meinte. „Lass uns daran arbeiten", sagte Paul, „und vielleicht bist du irgendwann bereit, dich bei Deborah zu entschuldigen. Zuerst musst du aber genau darauf achten, wann die Wut hochkommen will. Denke darüber nach, was zuvor passiert ist und was der Auslöser sein könnte. Finde dann einen guten Weg, die Wut zu kontrollieren. So werden die Wunden langsam heilen."

Zum Schluss beteten sie und baten Gott um Hilfe.

✸ FRAGEN FÜR DIE DISKUSSIONSRUNDE

- ► Warum hat Jonathan Deborah misshandelt?
- ► Was hat das mit Deborah gemacht?
- ► Welche Hilfe hat Deborah erhalten?

2. Wie sollen wir das Miteinander in der Familie gestalten?

✦ DISKUSSION IN KLEINGRUPPEN

► Was denkt man in Ihrer Gesellschaft: Wie sollen Familienmitglieder miteinander umgehen, darf bzw. soll man Gewalt anwenden? Gibt es Sprichwörter oder Redensarten darüber? Zum Beispiel: „Wer seine Frau nicht schlägt, dem tanzt sie auf der Nase herum."

Lesen Sie die folgenden Abschnitte, um herauszufinden, was das Wort Gottes über das Miteinander in der Familie sagt.

1. Petrus 3,7	1. Korinther 13,4–7
1. Mose 1,26–27	Kolosser 3,19

Gott schuf den Menschen nach Seinem Bild, deshalb sollten wir jeden Menschen mit Respekt behandeln.

Wenn zwei Menschen heiraten, geben sie sich das Versprechen, sich zu lieben und zu ehren. Wenn einer den anderen gewalttätig misshandelt, wird dieses Versprechen gebrochen. Eine Person allein kann die Beziehung nicht retten.

3. Was ist häusliche Gewalt?

Von häuslicher Gewalt spricht man, wenn jemand versucht, eines seiner Familienmitglieder zu beherrschen. Diese Gewalt kann gegen ältere Menschen, den Ehepartner, Geschwister oder Kinder gerichtet sein und kann verschiedene Formen haben:

- **physisch:** schlagen, würgen, Gegenstände werfen, treten, usw.;
- **verbal:** das Opfer als dumm bezeichnen, als unfähig, etwas richtig zu machen, usw.;
- **emotional:** dem Opfer Angst einjagen, das Opfer von anderen isolieren;
- **sexuell:** das Opfer mit Gewalt zu einer sexuellen Handlung zwingen;
- **wirtschaftlich:** dem Opfer Geld, Essen, Bildung, medizinische Hilfe usw. verweigern oder das Geld des Opfers an sich bringen und für selbstsüchtige Zwecke ausgeben.

Konflikte gibt es in allen Familien, aber wenn sie einer Struktur von Beherrschung und Manipulation unterliegen, handelt es sich um häusliche Gewalt. Sie läuft in einem voraussagbaren Kreislauf ab: Spannung, Misshandlung, Ruhe; Spannung, Misshandlung, Ruhe... Der Kreislauf kann täglich ablaufen oder an bestimmten Tagen, beispielsweise am Wochenende. Trotz der Anwendung von Gewalt bleibt das Opfer oft beim Täter, möglicherweise weil es auf die Zeit der Ruhe und Versöhnung hinlebt oder sich ein Leben ohne den Partner nicht mehr vorstellen kann. Selbst wenn das Opfer den Täter verlässt, kehrt es oft zu ihm zurück.

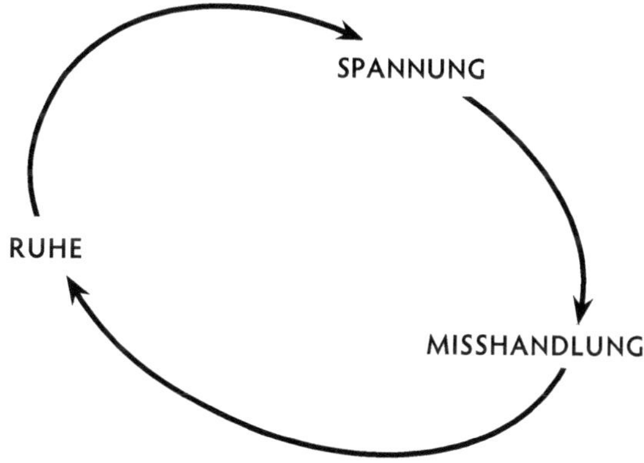

♟ Lesen Sie die folgenden Aussagen vor. Die Teilnehmer sollten ihre Einschätzung zu jeder Aussage aufschreiben. Unterhalten sie sich dann darüber.

- Gewalt innerhalb der eigenen vier Wände ist eine rein private Familienangelegenheit.
- Alkohol und Drogen sind Hauptursachen für häusliche Gewalt.
- Hin und wieder ist es für ein Familienoberhaupt hilfreich, andere Familienmitglieder zu schlagen.
- Das Opfer könnte die Misshandlung stoppen, wenn es dies wirklich versuchen würde.
- Die Misshandlung hört oft ohne Hilfe von anderen wieder auf.
- Jemand, der dem Partner Gewalt antut, ist auch gegen andere gewalttätig.

(Lösung auf Seite 79)

4. Warum hört häusliche Gewalt nicht von selbst auf?

✷ DISKUSSION IN KLEINGRUPPEN

▸ Warum misshandeln Menschen ihre Familienmitglieder? Fassen Sie die bereits erwähnten Gründe zusammen und fügen Sie weitere hinzu.

♟ Tragen Sie die Rückmeldungen in der großen Gruppe zusammen und fügen Sie die folgenden Aussagen über die Täter hinzu, wenn sie noch nicht genannt wurden:

- Die Täter glauben vielleicht, dass es in Ordnung ist, Familienmitglieder zu schlagen. Möglicherweise hat man es ihnen in ihrer Kultur so beigebracht.
- Sie sind vielleicht in gewalttätigen Familien aufgewachsen und kennen keine gesunden Umgangsformen in der Familie.
- Sie fühlen sich vielleicht machtlos in ihrem Leben, aber mächtig und stark, wenn sie jemanden schlagen.

- Sie sind vielleicht eifersüchtig und unsicher in ihrer Ehe und haben Angst, von ihrem Partner verlassen zu werden.
- Oft fühlen sie sich selbst unschuldig und geben anderen die Schuld für ihre Gewalttaten.

Alkohol, Drogen und Stress sind zwar nicht die eigentliche Ursache für häusliche Gewalt, bewirken aber, dass es schneller zu Misshandlungen kommt (Matthäusevangelium 15,11). Die Ursache für häusliche Gewalt ist das innere Bedürfnis, Kontrolle über andere zu haben.

✪ DISKUSSION IN KLEINGRUPPEN

▸ Warum bleiben Menschen oft trotz der Misshandlungen in einer Beziehung? Fassen Sie die bereits erwähnten Gründe zusammen und fügen Sie weitere hinzu.

👥 Tragen Sie die Rückmeldungen in der großen Gruppe zusammen und fügen Sie die folgenden Aussagen über die Opfer hinzu, wenn sie noch nicht genannt wurden:

- Die Opfer glauben vielleicht, es sei normal, geschlagen, bedroht und beleidigt zu werden, oder sie halten es für falsch, den Partner zu verlassen.
- Sie haben vielleicht Angst davor, dass Außenstehende herausfinden, was zu Hause passiert, weil sie sich dafür schämen. Das trifft besonders dann zu, wenn Gemeinschaften die Ansicht vertreten, dass gute Leute dieses Problem nicht haben sollten.
- Die Opfer wollen dem Täter immer wieder eine neue Chance geben.
- Sie sind vielleicht finanziell abhängig vom Täter und können nicht ohne ihn überleben.
- Sie sind vielleicht emotional vom Täter abhängig. Durch die Misshandlung werden sie solange gedemütigt, bis sie selber glauben, dass sie keinen Respekt verdienen.
- Sie fürchten sich vielleicht vor den Konsequenzen, wenn sie sich gegen den Täter wehren.
- Sie lieben den Täter vielleicht wirklich.

5. Wie können wir helfen?

A. Wie können wir Opfern von häuslicher Gewalt helfen?

▸ Wie kann man Opfern von häuslicher Gewalt helfen? Falls Sie selbst schon Opfer von häuslicher Gewalt waren, was hat Ihnen geholfen?

Tragen Sie die Rückmeldungen in der großen Gruppe zusammen; fügen Sie dann von der folgenden Liste hinzu, was noch nicht erwähnt wurde.

Dem Opfer...

- **zuhören.** Opfer brauchen jemanden, mit dem sie reden können. Der Täter wird jedoch verhindern wollen, dass das Opfer mit anderen Kontakt hat.
- **helfen, die Ursache des Problems zu erkennen.** Konzentrieren Sie sich nicht darauf Ratschläge für die Ehe zu geben. Das Opfer sollte begreifen, dass das Problem beim Täter liegt.

- **die Frage stellen: „Warum bleiben Sie in dieser Beziehung?"** Üben Sie keinen Druck auf das Opfer aus, den Täter zu verlassen. Reden Sie über die negativen und positiven Aspekte der Beziehung. Helfen Sie dem Opfer dabei, den Kreislauf der Misshandlung zu verstehen. Bilder können oft mehr helfen als Logik. Erklären Sie z.B., wie man Elefanten beibringt, ihrem Trainer zu gehorchen. Der Trainer bindet den Elefanten mit einer Kette an einen stabilen

Pflock. Der Elefant lernt, dass er nicht weggehen kann. Später kann der Trainer die Kette lösen, doch der Elefant versucht es nicht einmal wegzulaufen. Er glaubt immer noch, er sei festgebunden. Opfer von Gewalt benötigen Hilfe, um zu erkennen, dass sie sich vom Täter befreien können.

- **helfen die Auswirkungen zu verstehen,** die die Misshandlungen auf es und seine Familie haben. Wenn es kulturelle Werte gibt, die das Opfer dazu bringen, in der gewalttätigen Beziehung zu bleiben, müssen diese angesprochen werden. Helfen Sie ihm zu erkennen, dass seine Sicherheit in Gott ist (Psalm 46,1–3).
- **klar machen, dass es nicht seine Schuld ist;** der Täter ist schuld. Gott sieht, was passiert (Psalm 10). Die Situation verbessert sich nur, wenn der Täter sich ändert. Einer allein kann keine Beziehung retten.
- **helfen Optionen zu erkennen.** Das Opfer und die Angehörigen sollten einen Plan erstellen, wie sie der Gefahr entkommen können. Zum Beispiel können sie in gefährlichen Zeiten zu einem anderen Familienmitglied, einem Freund oder Nachbarn gehen, um sich zu schützen. Wenn der Täter keine Veränderung zeigt, sollten sie jedoch überlegen, wie sie aus der Beziehung herauskommen und in Sicherheit gelangen. Es ist besser zu gehen, wenn Ruhe herrscht als mitten in der Katastrophe. Das Opfer und die Angehörigen brauchen einen Ort, wo sie hingehen können und der Täter sie nicht findet (z.B. in Frauenhäuser). Sie brauchen auch praktische Hilfe bei der Suche nach Arbeit, Rechtsbeistand usw. Vielleicht verlassen sie den Täter mehrmals, bevor sie endgültig wegbleiben.
- **helfen, Heilung für seine verletzte Seele zu finden.** Irgendwann wird der Heilungsprozess so weit fortgeschritten sein, dass es dem Täter vergeben kann. Es braucht aber Zeit, bis das zerbrochene Vertrauen wiederhergestellt ist.

Falls der Täter seine Taten aufrichtig bereut und sich ändert, kann es wieder zu einer schrittweisen Annäherung der Partner kommen.

B. Wie können wir den Tätern helfen?

- Helfen Sie den Tätern zu begreifen, dass sie ein Problem haben. Sie haben sich oft selbst getäuscht und geben anderen die Schuld für ihre Taten.

- Helfen Sie ihnen dabei, sich mit den Hauptursachen ihres Problems zu befassen und Heilung zu finden. Vielleicht waren sie selbst einmal Opfer von Gewalt. Verletzte Menschen verletzen.
- Helfen Sie ihnen dabei, die Auslöser für die Gewaltausbrüche zu erkennen, Wege zu finden, diese Auslöser zu vermeiden und ihre Gefühle unter Kontrolle zu bekommen.
- Helfen Sie ihnen, eine Selbsthilfegruppe zu finden, falls sie Drogen oder Alkohol konsumieren.
- Helfen Sie ihnen zu erkennen, dass sie Gott um Vergebung bitten können und sich selbst vergeben sollten.
- Helfen Sie ihnen auch zu erkennen, dass sie ihr Opfer um Vergebung bitten sollten. Sie sollten klar benennen, was sie getan haben und Verantwortung dafür übernehmen – ohne den Hintergedanken, dass sie das Opfer so zurückgewinnen können.

Der Täter muss dies alles befolgen, bevor er eine Versöhnung mit dem Opfer überhaupt in Betracht ziehen kann.

C. Wie können wir erkennen, dass der Kreislauf des Missbrauchs durchbrochen ist?

Man kann nie ganz sicher sein, ob der Kreislauf des Missbrauchs wirklich durchbrochen ist, aber folgende Zeichen können darauf hinweisen:

- Das Opfer weiß, dass die Situation nicht normal ist. Es hat erkannt, dass es ohne Angst sagen oder tun darf, was es will, und der Täter akzeptiert es. Die Ehepartner wissen, wo die Grenzen des anderen sind und respektieren sie.
- Der Täter bereut seine Tat, er hat die Verantwortung dafür übernommen und sich bei dem Opfer und bei seiner Familie entschuldigt. Es gibt deutliche Zeichen der Veränderung in seinem Leben, er respektiert Grenzen und legt regelmäßig jemandem Rechenschaft ab.
- Im Lauf der Zeit hat das Opfer immer wieder gute Erfahrungen mit dem Täter gemacht, die es ihm ermöglichen, neu Vertrauen zu ihm zu fassen.

Was man sich bewusst machen sollte: Auch wenn der Missbrauch aufgehört hat, bedeutet das noch lange nicht, dass die Beziehung zwischen Täter und Opfer wieder in Ordnung ist.

6. Wie können wir Kindern helfen, die häusliche Gewalt erleben?

Missbrauch und Vernachlässigung von Kindern ist eine Angelegenheit der Gemeinschaft. Kinder sind machtlos und brauchen die Hilfe von Nachbarn, Freunden oder Verwandten.

Als Helfer sollten wir...

- Anzeichen von Missbrauch erkennen;
- dem Kind glauben und ihm sagen, dass wir etwas dagegen unternehmen werden;
- die Angelegenheit den entsprechenden Behörden melden;
- Eltern und Betreuern helfen, den Unterschied zwischen Disziplin und Missbrauch zu verstehen; ihnen erklären, wie körperlicher und emotionaler Missbrauch Kindern schadet; sie mit anderen Wegen der Kindererziehung vertraut machen.

Zur Information:

- Häusliche Gewalt ist in deutschsprachigen Ländern keine Privatangelegenheit, sondern strafbar. Es gilt: „Jeder Mensch hat das Recht auf Leben und körperliche Unversehrtheit. Die Freiheit der Person ist unverletzlich." Artikel 2 Grundgesetz.

ABSCHLIEßENDE ÜBUNG

Lesen Sie Psalm 10 zusammen. Welches Wort oder welche Wörter springen Ihnen ins Auge? Was ist Ihre Reaktion darauf?

LÖSUNG ZUR ÜBUNG

„Richtig oder falsch": *Die folgenden Aussagen sind falsch:*

- *Häusliche Gewalt ist eine rein private Familienangelegenheit.* Häusliche Gewalt ist Sünde und Sünde muss ans Licht gebracht und angesprochen werden. Andernfalls setzt sie sich fest und wird größer. In den meisten Ländern ist häusliche Gewalt ein Verbrechen. Eine Gemeinschaft sollte Menschen, die misshandelt werden und machtlos sind, beschützen.

- *Alkohol und Drogen sind die Hauptursache für häusliche Gewalt.* Die Misshandlung kann auch ohne Einfluss von Alkohol und Drogen stattfinden. Aber Alkohol und Drogen setzen die Hemmschwelle herab. Die Hauptursache für häusliche Gewalt ist das Verlangen, andere zu beherrschen und zu bedrohen. Der Täter hat die Kontrolle über sich verloren. Die Ursache dafür liegt oft darin, dass er in seiner Kindheit keine gesunden, liebevollen Beziehungen erlebt hat.
- *Hin und wieder ist es für ein Familienoberhaupt hilfreich, andere Familienmitglieder zu schlagen.* Menschen wenden manchmal Gewalt an, um Ehepartner oder Kinder zu unterwerfen und sich gefügig zu machen. Aber im Epheserbrief 6,4 steht: *„Ihr Väter, behandelt eure Kinder nicht so, dass sie widerspenstig werden! Erzieht sie mit Wort und Tat so, wie es dem Herrn gemäß ist."* Und im Kolosserbrief 3,19 steht: *„Ihr Männer, liebt eure Frauen und seid nicht rücksichtslos gegen sie!"* Vielleicht erreicht man durch Schlagen Gehorsam, aber dieser Gehorsam basiert auf Angst. Das Zuhause ist dann kein sicherer Ort mehr. Wer Familienmitglieder schlägt, demütigt und erniedrigt sie, statt sie als wunderbare Geschöpfe zu achten, die Gott erschaffen hat.
- *Das Opfer könnte die Misshandlung stoppen, wenn es dies wirklich versuchen würde.* Nur der Täter kann die Misshandlungen stoppen. Niemand kann ihn dazu zwingen. Er ist für seine Taten verantwortlich (Matthäusevangelium 15,18–19). Aber der Täter oder andere Menschen sind schnell dabei, dem Opfer die Schuld zuzuschreiben.
- *Die Misshandlung hört oft ohne Hilfe von außen wieder auf.* Der Täter muss sich seinen persönlichen Problemen stellen, um mit den Misshandlungen aufhören zu können. Das schafft er oft nicht ohne fremde Hilfe. Macht gibt man nicht so leicht auf. Selbst wenn der Täter mit der körperlichen Misshandlung aufhört, kann er das Opfer häufig durch Räuspern oder bestimmte Blicke weiter beherrschen, ohne wütend zu werden oder Gewalt anzuwenden.
- *Jemand, der dem Partner Gewalt antut, ist auch gewalttätig gegen andere.* Täter können in der Öffentlichkeit sehr freundlich auftreten. Normalerweise ist es nicht möglich, einen gewalttätigen Menschen von anderen zu unterscheiden. Judas beispielsweise verhielt sich als Verräter völlig unauffällig.

SELBSTTÖTUNG

1. Geschichte: Gerade noch rechtzeitig

„Gabriel, bitte! Komm aus deinem Zimmer!", sagte Esther verzweifelt. Eine ganze Weile war es besser gewesen, aber jetzt machte ihr sein Verhalten wieder zunehmend Sorgen. Er verbrachte die meiste Zeit allein in seinem Zimmer.

Und dann eilte eines Tages eine Nachricht durch die Flüchtlingsgemeinde: Ihr Nachbar Berno war von der Brücke gesprungen. Er starb beim Aufprall auf das kalte Wasser. Gabriel hörte sehr interessiert zu.

Paul und Maria besuchten Bernos Frau Alice, kurz nachdem sie von dem Unglück erfahren hatten. Paul half bei den Formalitäten und plante die Beisetzung, während Maria sich um Alice kümmerte. „Warum hat er das getan?", fragte Alice. „Mir war nicht bewusst, wie verzweifelt er war!", sagte sie weinend. „Ich hätte ihn davon abhalten können." Maria hörte zu. Berno hatte seinem Elend ein Ende gemacht, aber ihr Elend war jetzt unendlich groß. „Ich schäme mich so!", sagte Alice. „Was werden die Leute denken? Vor allem die in unserem Heimatland!"

Maria bat Alice, ihr genau zu erzählen, was passiert war. Nachdem sie die ganze Geschichte gehört hatte, versicherte sie ihr: „Alice, der Tod deines Mannes ist nicht deine Schuld."

„Wirklich?", fragte Alice. „Ich bin seine Frau. Ich hätte es wissen sollen. Vielleicht war ich nicht liebevoll genug zu ihm." „Nein", sagte Maria, „Berno ist alleine verantwortlich für das, was er getan hat." Alice fühlte sich daraufhin etwas besser.

Paul leitete die Trauerfeier im Haus Gottes ihrer Stadt. Er forderte die Anwesenden auf, über Bernos gute Eigenschaften zu reden und nicht über die Art, wie er gestorben war.

Maria besuchte Alice weiterhin jede Woche.

Eines Abends bekam Maria einen Anruf von Esther. Sie war besorgt. Gabriel war den ganzen Tag ungewöhnlich nett zu ihr gewesen und hatte ihr sogar einen wunderschönen Ring geschenkt. Er hatte ihr gesagt, wie sehr er sie liebte. Sie hatten schön zusammen gegessen und dann meinte er, er müsse jetzt etwas besorgen. Das war nun schon ein paar Stunden her und er war immer noch nicht zurück.

Esther schickte Jonathan auf die Suche, während sie zu Hause auf Gabriel wartete. Maria blieb solange bei Esther.

Jonathan suchte seinen Vater an allen möglichen Plätzen, aber er fand ihn nicht. Plötzlich fiel ihm die Brücke ein. Er fuhr so schnell er konnte dorthin. Mitten auf der Brücke stand sein Vater – Jonathan war gerade noch rechtzeitig gekommen. Gabriel war geschockt, seinen Sohn zu sehen. Nach einer betroffenen Stille umarmten sie sich. Gabriel sagte: „Ich gehöre einfach nicht hierher, ins Land der Hoffnung." Jonathan sagte: „Papa, ich hab dich lieb. Bitte komm heim. Wir brauchen dich doch." Zusammen gingen sie nach Hause.

In den folgenden Wochen und Monaten verbrachten Paul und Gabriel viel Zeit miteinander. Gabriel erzählte Paul von seinem Schmerz. Es war klar, dass Gabriel seine Familie liebte, deshalb sprach Paul mit ihm darüber, wie sehr seine Familie ihn brauchte, besonders jetzt. Gemeinsam suchten sie einen Arzt auf, der Gabriel Medikamente verschrieb, damit er sich besser fühlte.

Nach etlichen Monaten machte Paul Gabriel einen Vorschlag. Er hatte davon gehört, dass der Gemeinderat jemand mit Erfahrung in Gartenarbeit suchte, um die Pflege der örtlichen Gartenanlagen zu übernehmen.

✸ FRAGEN FÜR DIE DISKUSSIONSRUNDE

▸ Welche Auswirkungen hatte Bernos Selbsttötung auf seine Frau Alice?

▸ Wie hat Maria Alice geholfen?

▸ Warum wollte Gabriel sich das Leben nehmen?

▸ Wie hat Paul Gabriel geholfen?

2. Was ist Selbsttötung und warum wählen manche Menschen diesen Weg?

Von Selbsttötung spricht man, wenn sich jemand vorsätzlich das Leben nimmt. Selbsttötung kommt in allen Gesellschaftsschichten vor, bei Frauen und Männern, bei Jungen und Alten. Sie kann auf vielfältige Weise geschehen, aber sie ist immer vorsätzlich.

Landläufig redet man von Selbstmord. Da es sich hierbei nicht um Mord im eigentlichen Sinn handelt, wurde in diesem Buch der neutralere Begriff Selbsttötung gewählt.

 **DISKUSSION IN DER GROßEN GRUPPE**

> ► Warum nehmen sich Menschen das Leben?

Sammeln Sie Antworten aus der Gruppe; fügen Sie dann von der folgenden Liste hinzu, was noch nicht erwähnt wurde.

- **Depression/Hoffungslosigkeit:** Kein Fall gleicht dem anderen, aber oft nehmen sich Menschen das Leben, weil sie depressiv sind oder keine Hoffnung mehr haben, ein Problem auf andere Weise lösen zu können. Manchmal wirken sie fröhlich und pflegen regen Kontakt zu Freunden und Familienmitgliedern, aber innerlich empfinden sie einen tiefen Schmerz.
- **Scham:** Manche verbergen etwas, für das sie sich so sehr schämen, dass sie es nicht wagen, mit jemand darüber zu reden. Sie können an einen Punkt kommen, wo Selbsttötung ihnen als einziger Ausweg erscheint, die schmerzhafte Situation zu beenden.
- **Gefühl der Wertlosigkeit:** Manche töten sich selbst, weil sie denken, ihre Angehörigen wären ohne sie besser dran.
- **Vergeltung:** Andere nehmen sich das Leben, weil sie Angehörige bestrafen wollen.
- **Persönliche Geschichte:** Es kann vorkommen, dass eine Selbsttötung eine andere nach sich zieht. Menschen, die schon einmal einen Versuch unternommen haben, sich das Leben zu nehmen oder in deren Familie sich jemand umbrachte, stehen eher in der Gefahr, sich selbst zu töten.

---

3. Verzweifelte Menschen in der Heiligen Schrift

❋ DISKUSSION IN KLEINGRUPPEN

Jede Kleingruppe liest eine der folgenden Abschnitte aus dem Wort Gottes und beantwortet die Fragen:

▸ Was hat die betreffende Person gemacht? Was denken Sie, wie hat sie sich gefühlt?

König Saul und sein Waffenträger	1. Samuel 31,1–5
Ahitofel	2. Samuel 17,1–7.14.23
der Prophet Elia	1. Könige 19,1–4
Hiob	Hiob 3,11–14
der Prophet Jona	Jona 4,1–3
der Gefängniswärter	Apostelgeschichte 16,25–28

Etliche Personen in der Heiligen Schrift waren so verzweifelt, dass sie am liebsten sterben wollten.

Im Wort Gottes steht, dass nichts – nicht einmal der Tod – uns von Gottes Liebe trennen kann: *„Denn ich bin ganz sicher: Weder Tod noch Leben, weder Engel noch Dämonen, weder Gegenwärtiges noch Zukünftiges noch irgendwelche Gewalten, weder Hohes noch Tiefes oder sonst irgendetwas auf der Welt können uns von der Liebe Gottes trennen, die er uns in Jesus Christus, unserem Herrn, schenkt.“* (Römerbrief 8,38–39 HfA)

Wir können mit David zu Gott rufen und Ihn bitten, dass Er unsere Scham und unsere Schande durch Seine große Macht wegnimmt und unsere Würde wiederherstellt: *„HERR, bei dir suche ich Zuflucht; enttäusche nicht mein Vertrauen! Rette mich, befreie mich, wie du es versprochen hast! Hör mich doch, hilf mir! Sei mir ein sicheres Zuhause, wohin ich jederzeit kommen kann! Du hast doch zugesagt, mir zu helfen; du bist mein Fels und meine Burg!“* (Psalm 71,1–3; siehe auch Psalm 80,8)

4. Warnsignale

Manchmal geben Menschen versteckte Hinweise, dass sie Selbsttötung in Betracht ziehen.

► Haben Sie schon einmal Warnsignale bei Menschen beobachtet, die mit dem Gedanken an Selbsttötung spielten?

👥 Sammeln Sie die Antworten in der großen Gruppe; fügen Sie dann von der folgenden Liste hinzu, was noch nicht erwähnt wurde:

- Sie ziehen sich stark zurück und isolieren sich von anderen Menschen.
- Sie reden davon, sterben zu wollen oder machen Bemerkungen wie: „Wozu sollte ich noch leben?"; oder: „Bald müsst ihr euch um mich keine Sorgen mehr machen."
- Sie verschenken Dinge, die ihnen wichtig sind.
- Sie wechseln ohne ersichtlichen Grund von depressiver in gelassene oder fröhliche Stimmung.
- Sie kümmern sich nicht mehr um sich selbst und ihre Bedürfnisse.
- Ihre Sichtweise ist eingeengt, sie sehen nur noch das Problem (Tunnelblick).

Nicht jeder, der an Selbsttötung denkt, gibt solche Hinweise, aber wenn jemand sie gibt, sollte man sie ernst nehmen. Sie können auch versteckte Hilferufe sein.

5. Wie können wir Menschen helfen, die sich das Leben nehmen wollen?

▸ Wenn in Ihrer Gemeinschaft jemand an Selbsttötung denkt, wird dann versucht, ihm zu helfen? Wenn ja, wie? Sind diese Ansätze hilfreich?

▸ Wie können wir Menschen helfen, die sich das Leben nehmen wollen?

Sammeln Sie die Antworten in der großen Gruppe; fügen Sie dann von der folgenden Liste hinzu, was noch nicht erwähnt wurde.

- Scheuen Sie sich nicht, über Selbsttötung zu reden, vielleicht weil Sie befürchten, den lebensmüden Menschen zu beleidigen oder ihn überhaupt erst auf die Idee zu bringen.
- Finden Sie heraus, wie ernst es dem Gefährdeten ist, sein Leben zu beenden. Hat er schon konkrete Pläne gemacht? Hat er Vorbereitungen getroffen? Hat er schon den Ablauf geprobt? Hat er sich schon Gedanken darüber gemacht, welche Auswirkungen seine Tat auf andere Menschen haben könnte?
- Wenn er wirklich ernsthaft daran denkt, entfernen Sie alle Hilfsmittel, die man zur Selbsttötung benutzen könnte, etwa entsprechende Medikamente, Stricke, Schusswaffen und ähnliches.
- Lassen Sie ihn nicht allein! Stehen Sie ihm zur Seite und hören Sie ihm zu. Versuchen Sie nicht, ihn mit guten Ratschlägen zu überhäufen, sondern stellen Sie Fragen, die ihm helfen, seine Gefühle auszudrücken. Helfen Sie ihm, seinen Schmerz, seine Wut, seine Verzweiflung loszulassen. Tränen können dabei Erleichterung verschaffen!
- Schlagen Sie dem lebensmüden Menschen vor sich vorzustellen, dass seine Situation ein wenig besser wäre. Was hätte sich dann geändert?
- Versuchen Sie herauszufinden, was ihn bis jetzt davon abgehalten hat, sich das Leben zu nehmen. Versuchen Sie, auf diesen Gründen aufbauend, Motivation zum Weiterleben zu vermitteln. Wenn sich

zum Beispiel eine Mutter Sorgen macht um ihr Kind, machen Sie ihr klar, wie sehr das Kind sie braucht.

- Versuchen Sie herauszufinden, was der Betroffene bis jetzt schon unternommen hat, um seine Probleme zu lösen. Helfen Sie ihm zu überlegen, was er sonst noch versuchen könnte.
- Machen Sie ihm klar, dass auch andere Menschen schon in einer ähnlichen Situation waren und dass es einen anderen Ausweg gibt als sich das Leben zu nehmen. Der Apostel Paulus schreibt: *„Aber Gott ist treu und wird nicht zulassen, dass die Prüfung über eure Kraft geht. Wenn er euch auf die Probe stellt, sorgt er auch dafür, dass ihr sie bestehen könnt."* (1. Korintherbrief 10,13)
- Unterstützen Sie den Selbstmordgefährdeten dabei, professionelle Hilfe zu finden (Hausarzt, Beratungsstellen für Selbstmordgefährdete, Psychotherapeuten oder professionelle Seelsorger, Telefon-Hotline). Medikamente können gegen Depressionen helfen. Falls er schon Medikamente bekommen hat, stellen Sie sicher, dass er diese auch einnimmt.
- Helfen Sie ihm, mit anderen Menschen in Kontakt zu kommen. Für den Heilungsprozess ist es wichtig, dass er über seine Probleme sprechen kann. Selbst wenn er in professioneller Behandlung ist, ist die Unterstützung durch Freunde und Verwandte sehr wichtig.

6. Wie kann man Menschen helfen, die einen Angehörigen durch Selbsttötung verloren haben?

Todesfälle und Verluste jeglicher Art sind schmerzhaft, aber wenn sich jemand selbst das Leben nahm, ist der Schmerz der Angehörigen besonders intensiv. Für sie gibt es ein Leben vor dem Vorfall und eines danach.

Angehörige fühlen sich möglicherweise...

- beschämt, und die Gemeinschaft kann die Scham verstärken, indem sie die Angehörigen stigmatisiert. In manchen Gemeinschaften ist es üblich, dass Menschen, die sich das Leben genommen haben, keine angemessene Trauerfeier und Bestattung bekommen. Das kann die Angehörigen dazu veranlassen, die

Todesursache zu verbergen, was den Trauerprozess wiederum komplizierter macht;

- schuldig, weil sie den Verstorbenen nicht davon abhalten konnten;
- wütend darüber, dass der Verstorbene sich das Leben genommen hat;
- traurig, weil ein Leben vorzeitig beendet wurde;
- verwirrt, weil sie den Grund für die Selbsttötung nicht verstehen;
- besorgt, weil sie fürchten, dass noch weitere schlimme Dinge passieren könnten;

✹ DISKUSSION IN KLEINGRUPPEN

> ▸ Versucht man in Ihrer Gemeinschaft den Angehörigen zu helfen, wenn sich jemand das Leben genommen hat? Sind diese Versuche hilfreich oder nicht?
>
> ▸ Wie können Sie den Angehörigen eines Menschen helfen, der sich das Leben nahm?

Sammeln Sie die Antworten in der großen Gruppe; fügen Sie dann von der folgenden Liste hinzu, was noch nicht erwähnt wurde.

Wie man den Angehörigen helfen kann:

- Bieten Sie praktische Hilfe im Alltag an.
- Wenn möglich, sorgen Sie für eine normale Beerdigung eines Verstorbenen, der sich das Leben nahm.
- Verbringen Sie Zeit mit den Angehörigen.
- Schaffen Sie einen sicheren äußeren Rahmen, damit die Angehörigen offen darüber reden können, was passiert ist, ohne sich schämen zu müssen.
- Hören Sie ihnen zu. Wenn sie emotional stabil genug sind, stellen Sie die drei Fragen: Was ist passiert? Wie haben Sie sich dabei gefühlt? Was war das Schlimmste für Sie?
- Ermutigen Sie sie, einen Klagepsalm zu schreiben, in dem sie ihren Schmerz ausdrücken. Man kann auch einen Brief an den Verstorbenen verfassen und alles aufschreiben, was man ihm gerne sagen würde.
- Helfen Sie den Angehörigen zu verstehen, dass sie nicht verantwortlich sind für das, was passiert ist und dass sie auch keinen Schuldigen suchen müssen.

- Helfen Sie den Angehörigen zu akzeptieren, dass sie vielleicht nie ganz verstehen werden, warum der Verstorbene sein Leben beendet hat. Es gibt keine einfachen Antworten auf die Frage, warum sich jemand umbringt.
- Helfen Sie den Angehörigen, sich an das Leben des Verstorbenen zu erinnern, nicht an die Art, wie er gestorben ist.
- Helfen Sie den Angehörigen ihre Ehre zurückzugewinnen, indem Sie sie ins gesellschaftliche Leben einbeziehen.

ABSCHLIEßENDE DISKUSSION

Lesen Sie in kleinen Gruppen Klagelieder 3,19–23 und Psalm 71,1–3. Tauschen Sie sich dann darüber aus, wie diese Verse jemanden trösten könnten, der Selbsttötung erwägt oder jemanden, der einen geliebten Menschen durch Selbsttötung verloren hat. Beten Sie dann für Menschen in Ihrem Umfeld, die von Selbsttötung betroffen sind.

Lektion 6C.

SUCHTPROBLEME

1. Geschichte: Heroin hält Einzug

Gabriel und Esthers Tochter Jackie studierte mittlerweile an der Universität.

Anfangs hatte Jackie in ihren Kursen gute Leistungen erbracht, aber es dauerte nicht lange und sie verbrachte mehr Zeit in Nachtclubs als an der Universität. Eines Abends versuchte ein Freund, sie zu überreden Heroin auszuprobieren. Sie lehnte ab. Er ließ aber nicht locker, bis sie schließlich nachgab. Sie wurde sofort abhängig und ihr Leben änderte sich radikal. Da sie nicht mehr ohne die Droge leben konnte, dachte sie nur noch darüber nach, wie sie Nachschub bekommen könnte.

Die Eltern merkten, dass Jackie sich verändert hatte, aber sie versuchten, alles so positiv wie möglich zu sehen. Vielleicht steckte sie ja noch in der Anpassungsphase. Sie überredeten sie dazu, abends zu Hause zu bleiben, erwischten sie dann aber dabei, wie sie aus dem Fenster kletterte. Esther fehlte plötzlich Geld im Geldbeutel und sie konnte sich nicht erklären, wo es hingekommen war.

Eines Abends rief die Polizei an. „Sind Sie die Eltern von Jaqueline Sayd?", fragte die Stimme am Telefon. „Bitte kommen Sie sofort." Esther wurde blass. Als Esther und Gabriel zur Polizeistation kamen, wurden sie in ein kleines Büro geführt, in dem eine beschämte und frierende Jackie saß. Der Polizeibeamte legte einen kleinen Beutel mit weißem Pulver auf den Schreibtisch und sagte: „Wir haben das hier in der Tasche Ihrer Tochter gefunden."

Esther und Gabriel waren fassungslos. Wie konnte ihrer Tochter das passieren? Der Beamte sagte Dinge, die sie nicht verstehen konnten.

Jackie kam ins Gefängnis und machte dort eine Therapie. Nach drei Monaten durften ihre Eltern und Jonathan sie besuchen. Jackie schämte sich. „Mama und Papa, es tut mir leid, was ich euch angetan habe. Bitte verzeiht mir!", sagte sie mit Tränen in den Augen. Jonathan sah seine kleine Schwester an und versprach ihr, ihr zu helfen.

Sechs Monate später wurde Jackie auf Bewährung entlassen. Sie musste ein Jahr lang wöchentlich eine Selbsthilfegruppe besuchen und darüber berichten, wie es ihr ging. Die Mitarbeiter dort merkten sofort, wenn Jackie versuchte zu lügen, und verstanden die Schwierigkeiten, mit denen sie zu kämpfen hatte. Langsam wurde sie wieder ganz die Alte.

Eines Abends rief Jackies alter Freund an. „Wie wär's? Kommst du heute Abend mit in den Club? Ich muss immer an dich denken." Sie nahm all ihren Mut zusammen und sagte: „Nein! Ruf mich nie wieder an!"

✹ FRAGEN FÜR DIE DISKUSSIONSRUNDE

▸ Wie hat die Abhängigkeit Jackies Leben beeinflusst?

▸ Was hat Jackie geholfen, von ihrer Sucht loszukommen?

▸ Schreiben Sie eine Liste von Dingen, die abhängig machen können.

Sammeln Sie Antworten aus der Gruppe; fügen Sie dann von der folgenden Liste hinzu, was noch nicht erwähnt wurde.

Menschen können süchtig werden nach:

- Alkohol
- Tabak (einschließlich Schischas)
- Medikamenten (frei verkäuflichen ebenso wie verordneten)
- Drogen
- zu viel oder zu wenig Essen
- Laufen oder anderen Ausdauersportarten
- Elektrogeräten
- Glücksspielen
- Einkaufen
- Sex, Pornografie
- und sogar nach Arbeit und Religion

Vieles, was normalerweise nicht schädlich ist, kann süchtig machen.

2. Was ist Sucht?

Menschen sind süchtig, wenn sie eine Substanz oder ein Verhalten brauchen, um sich glücklicher zu fühlen, oder um mit den Herausforderungen des Lebens fertig zu werden. Die Substanz oder das Verhalten gibt ihnen ein gutes Gefühl oder lässt sie zumindest ihren Schmerz für eine Weile vergessen. Wenn das gute Gefühl nachlässt, vermissen sie es und der Vorgang wiederholt sich. Das geht immer so weiter, wie eine Spirale nach unten, bis sie immer mehr in die Abhängigkeit hineinrutschen. Der Körper hört mit der Zeit auf, die Hormone zu produzieren, die uns normalerweise ein gutes Gefühl verleihen, und die Betroffenen brauchen das Suchtmittel, um sich normal zu fühlen.

Mit der Zeit brauchen sie immer mehr von dem Suchtmittel, um den gleichen positiven Effekt zu spüren.

Da die Betroffenen immer mehr auf das Suchtmittel angewiesen sind, denken sie Tag und Nacht daran. Je öfter sie der Sucht nachgeben, desto mehr Macht hat sie über diese Menschen und desto mehr sind sie bereit dafür zu opfern. Letztendlich kann die Sucht ihr Leben zerstören: ihre Gesundheit, ihre Familie, ihre Freundschaften, ihre Arbeit und ihre gesellschaftliche Rolle.

✪ DISKUSSION IN KLEINGRUPPEN

- ▶ Kennen Sie jemanden, der süchtig ist?
- ▶ Welche Anzeichen dafür hat die betroffene Person?
- ▶ Nimmt sie wahr, dass sie süchtig ist?

3. Warum werden Menschen süchtig und in welchem Teufelskreis befinden sie sich?

✪ DISKUSSION IN GROßEN GRUPPE

- ▶ Warum werden Menschen süchtig, wie kann es dazu kommen?

👥 Sammeln Sie die Antworten in der großen Gruppe; fügen Sie dann von der folgenden Liste hinzu, was noch nicht erwähnt wurde.

- **Gruppenzwang:** Der Abhängige ist mit anderen Menschen zusammen, die trinken, Drogen nehmen, um Geld spielen, usw. Er möchte dazugehören.
- **Persönliche Probleme:** Das Suchtmittel betäubt den Schmerz der seelischen Verletzungen.
- Eine **instabile Persönlichkeit** oder eine **vererbte Veranlagung.** Manche Menschen neigen mehr zu Suchtverhalten als andere.

Sucht ist ein Prozess, der harmlos beginnt und sich nach und nach zu einem Kreislauf entwickelt, in dem die Menschen gefangen sind:

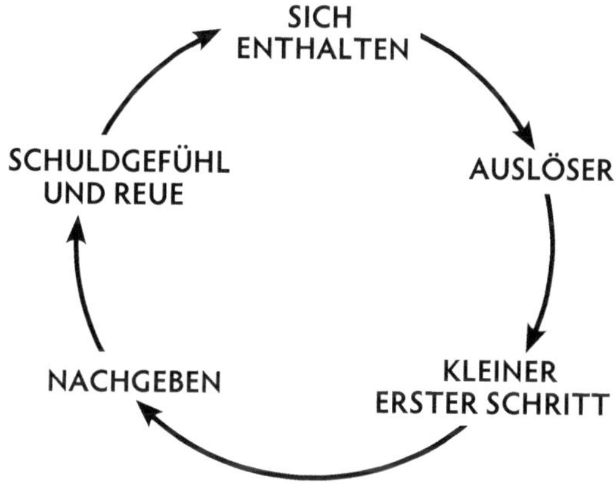

1. **Sich enthalten:** Der Suchtkranke sagt sich: „Ich werde es nie wieder tun! Ich bin stark genug!"
2. **Auslöser:** Irgendetwas löst sein Verlangen nach dem Suchtmittel aus. Das kann zum Beispiel Hunger, Angst, Wut, Stress, Einsamkeit oder Müdigkeit sein. Das Verlangen kann selbst dann ausgelöst werden, wenn der Abhängige gerade noch erfreut festgestellt hat, dass er schon lange ohne das Suchtmittel ausgekommen ist.
3. **Kleiner erster Schritt:** Der Betroffene macht etwas, das harmlos erscheint, das aber der Sucht die Tür wieder öffnet. Er meint, er könne der Versuchung widerstehen oder er habe sich diese kleine Ausnahme verdient.
4. **Nachgeben:** Er gibt doch wieder nach und die Sucht hat ihn wieder im Griff.

5. **Schuldgefühl und Reue:** Er fühlt sich elend und versucht, durch irgendeine gute Tat wiedergutzumachen, dass er der Versuchung nachgegeben hat.
6. **Sich enthalten:** Der Kreislauf beginnt von vorne.

Die gute Nachricht ist, dass Süchtige diesen Teufelskreis durchbrechen können. Sie sollten Gott bitten, ihr Denken zu verändern, damit sie einen Ausweg aus dem Kreislauf finden. Gott kann ihnen helfen, dass die Sucht sie nicht weiter beherrscht und dass sie frei werden. Trotzdem brauchen Süchtige in aller Regel auch professionelle Hilfe.

4. Verloren und wiedergefunden

Erzählen oder lesen Sie diese Geschichte und sprechen Sie dann über die Fragen:

Die verlorenen Söhne

Jesus erzählte eine Geschichte über einen Mann, der zwei Söhne hatte. Eines Tages kam der jüngere Sohn zu ihm und sagte: „Vater, gib mir jetzt den Teil der Erbschaft, der mir zusteht!" Wir können uns vorstellen, wie schwierig das für den Vater war, aber er erfüllte dem Sohn seine unhöfliche Bitte. Er teilte sein ganzes Vermögen in zwei Teile und gab die Hälfte davon seinem jüngeren Sohn.

Der Sohn nahm das ganze Geld und ging weit weg. Er leistete sich, was er wollte und verschleuderte alles. Nach einer Weile hatte er keinen Cent mehr, und gleichzeitig brach eine Hungersnot im Land aus. Der Sohn wurde sehr hungrig und suchte verzweifelt nach Arbeit. Schweine hüten war der einzige Job, den er finden konnte. Er war inzwischen so hungrig, dass er das Schweinefutter essen wollte, aber das durfte er nicht!

Dann kam er endlich zur Besinnung. Er sagte sich: „Bei meinem Vater hat jeder Arbeiter mehr als genug zu essen, und ich sterbe hier vor Hunger. Ich will zu meinem Vater zurückgehen, ich will ihn bitten, mir zu vergeben und mich als einen Arbeiter einzustellen." So machte er sich auf den Heimweg.

Sein Vater hatte ihn nie aufgegeben; er hielt jeden Tag Ausschau nach seinem Sohn. Als er ihn von weitem kommen sah, war sein Herz voller Mitleid für ihn. Er rannte ihm entgegen! Er umarmte ihn und küsste ihn.

Der Sohn sagte: „Vater, ich bin schuldig geworden an Gott und an dir. Ich bin es nicht mehr wert, dein Sohn genannt zu werden." Aber der Vater war so glücklich, seinen Sohn wiederzusehen, dass er zu seinen Arbeitern sagte: „Schnell! Bringt das beste Gewand im Haus und zieht es ihm an. Steckt ihm einen Ring an den Finger und holt Schuhe für ihn. Bringt das gemästete Kalb und schlachtet es. Lasst uns essen und feiern. Denn mein Sohn war tot und jetzt lebt er wieder; er war verloren und jetzt ist er wiedergefunden." Sie begannen fröhlich zu feiern.

Inzwischen war der ältere Sohn nach Hause gekommen. Er hatte auf dem Feld gearbeitet und hörte schon von weitem die Tanzmusik. Er rief einen der Arbeiter zu sich und fragte ihn, was los sei. „Dein Bruder ist gekommen", antwortete er, „und dein Vater hat das gemästete Kalb geschlachtet, weil er sich so sehr freut, dass er deinen Bruder gesund wiederhat."

Der ältere Bruder wurde wütend und wollte nicht ins Haus gehen. So kam sein Vater heraus und redete ihm gut zu, aber der ältere Sohn sagte: „Schau! All die Jahre habe ich wie ein Sklave für dich geschuftet und ich war dir nie ungehorsam. Aber mir hast du nie auch nur eine einzige Ziege geschenkt, damit ich mit meinen Freunden feiern konnte. Aber der da, dein Sohn, hat dein Geld bei Prostituierten verschwendet; und jetzt kommt er nach Hause, da schlachtest du das gemästete Kalb für ihn!"

„Mein Sohn", sagte der Vater, „du bist immer bei mir und alles, was ich habe, gehört dir. Aber jetzt mussten wir doch feiern und uns freuen, denn dein Bruder war tot und ist wieder am Leben; er war verloren und ist wiedergefunden."   *(Nach Lukas 15,11–32)*

 ## FRAGEN FÜR DIE DISKUSSIONSRUNDE

- ▸ Was wollte der jüngere Sohn vermeiden?
- ▸ Was half ihm, zur Besinnung zu kommen?
- ▸ Was half ihm, wieder zu Kräften zu kommen?

Wie der verlorene Sohn müssen auch Suchtkranke zur Besinnung kommen. Sie müssen den festen Willen haben, von ihrer Sucht frei zu werden, sonst schaffen sie es nicht. Suchtkranke sind genauso auf Liebe und Geduld ihrer Mitmenschen angewiesen wie der verlorene Sohn. Sie brauchen Unterstützung, um neue, gesunde Gewohnheiten zu entwickeln, die ihnen helfen, mit dem starken Verlangen und den schmerzhaften Entzugssymptomen fertig zu werden.

5. Wie können wir süchtigen Menschen helfen?

Wir müssen die Herausforderungen kennen, vor denen süchtige Menschen stehen, um ihnen wirksam helfen zu können. Gehen Sie einfühlsam, aber standfest vor (Galaterbrief 6,1).

✪ DISKUSSION IN KLEINGRUPPEN

▸ Warum geben Süchtige ihre Sucht nicht einfach auf?

🧑 Sammeln Sie die Antworten in der großen Gruppe; fügen Sie dann von der folgenden Liste hinzu, was noch nicht erwähnt wurde.

- Ihr Körper zeigt ein intensives Verlangen nach dem Suchtmittel. Es ist körperlich und emotional schwierig aufzuhören.
- Sie hintergehen sich selbst und haben sich angewöhnt, das Ausmaß der Sucht zu verleugnen und Menschen zu manipulieren, um zu bekommen, was sie wollen.
- Süchtige haben vor ihrer Sucht kapituliert. Sie haben die Hoffnung aufgegeben, dass sich daran noch etwas ändern lässt.
- Sie haben den Kreislauf des Suchtverhaltens nicht erkannt oder wissen nicht, wie man ihn durchbrechen kann.
- Suchtmittel bewahren sie davor, die schmerzhaften Probleme zu spüren, denen sie ausweichen wollen.

Es bringt nichts, einen Süchtigen mit guten Ratschlägen zu überhäufen oder seine Probleme für ihn zu lösen. Er selbst muss einen Grund finden, der ihn motiviert aufzuhören. Der Ausstieg aus der Sucht geschieht in mehreren Stufen. Die benötigte Hilfestellung sieht in jeder Stufe anders aus.

Stufe 1: „Eigentlich habe ich kein Problem!" = Ist noch nicht bereit. In diesem Stadium sollte man dem Süchtigen helfen, sich klarzumachen, wohin sein Lebensstil führt, und fragen, ob er das wirklich will.

Stufe 2: „Vielleicht habe ich ja tatsächlich ein Problem!" = Wird bereit. Helfen Sie dem Suchtkranken, die Vorteile, aber auch die Schwierigkeiten zu sehen, die ein Ausstieg aus der Sucht bringen würde.

Stufe 3: „Ich habe ein Problem. Ich werde damit aufhören." = Ist bereit. Loben Sie den Betroffenen für jeden Schritt, den er in Richtung Aufhören geht – und sei er noch so klein. Ermutigen Sie ihn oft.

Nützliche Hilfestellungen:

- Helfen Sie dem Süchtigen, auf seine Gedanken und Gefühle zu achten und herauszufinden, warum er überhaupt in die Abhängigkeit geraten ist.
- Helfen Sie ihm herauszufinden, in welchen Situationen er bisher der Sucht nachgegeben hat. Wenn er zum Beispiel mit Freunden in die Kneipe geht und eigentlich nur alkoholfreie Getränke zu sich nehmen will, am Ende aber doch betrunken ist, dann sollte er Kneipen meiden. Vielleicht sollte er sich auch neue Freunde suchen.
- Helfen Sie dem Suchtkranken sich anzugewöhnen, immer zuerst zehn Minuten zu warten, wenn er an Alkohol oder Drogenkonsum denkt. Das Warten kann helfen, dem Verlangen zu widerstehen.
- Helfen Sie dem Betroffenen jemanden zu finden, den er rufen kann, wenn er Hilfe braucht und dem er über seine Fortschritte im Entwöhnungsprozess berichten kann. Ein großer Vorteil ist, wenn der Wegbegleiter selbst von einer Sucht freigeworden ist.
- Helfen Sie dem Süchtigen, sein Suchtverhalten mit einem Verhalten zu ersetzen, das tiefer befriedigt, z.B. Freundschaften pflegen, Hobbies oder entspannenden Aktivitäten nachgehen, Sport machen usw.
- Helfen Sie ihm, sich um die seelischen Verletzungen zu kümmern, die hinter seiner Sucht stecken. Ermutigen Sie ihn, seinen emotionalen Schmerz zu Gott zu bringen, damit Er ihn heilen kann.
- Helfen Sie dem Betroffenen, Gott und Menschen um Vergebung zu bitten für die Probleme, die er verursacht hat. Helfen Sie ihm dann auch die Vergebung zu akzeptieren, die Gott versprochen hat.
- Helfen Sie ihm, sich einer Selbsthilfegruppe für Suchtkranke anzuschließen und sowohl einen Arzt als auch einen Therapeuten aufzusuchen. Beratungsstellen, Suchtambulanzen und Suchtkliniken sind hilfreiche Anlaufstellen.

Stufe 4: „Oh weh, ich habe es doch wieder getan!" = Rückfall. Ein Rückfall ist normal im Heilungsprozess. Helfen Sie dem Suchtkranken zu verstehen, dass er trotz des Rückfalls wieder aufstehen kann und unterstützen Sie ihn weiterhin (Psalm 37,23–24). Ein Rückfall ändert auch nichts an Gottes Liebe zu ihm (Jeremia 31,3).

So wichtig die Begleitung von Freunden und Angehörigen für süchtige Menschen ist, so wichtig ist auch die professionelle Hilfe.

Viele ehemalige Alkoholiker müssen sich ihr Leben lang vom Alkohol fern halten, selbst von sehr geringen Mengen im Essen. Auch für ehemalige Drogensüchtige gilt Enthaltung, denn schon allein Opiate zur Schmerzbekämpfung können zu einem Rückfall führen.

6. Wie können wir den Angehörigen von Suchtkranken helfen?

DISKUSSION IN KLEINGRUPPEN

▸ Wie können wir den Angehörigen von Suchtkranken helfen?

Sammeln Sie die Antworten in der großen Gruppe; fügen Sie dann von der folgenden Liste hinzu, was noch nicht erwähnt wurde.

* Familienmitglieder möchten vielleicht die Sucht eines Angehörigen verheimlichen, um die Ehre der Familie zu bewahren. Ein Beispiel: Eltern entschuldigen sich für das verantwortungslose Verhalten ihres Sohnes, um ihren guten Ruf zu retten. Dadurch ermöglichen sie es ihm aber, getrost mit der Sucht weiterzuleben. Familienmitglieder müssen die durch die Sucht verursachte Scham akzeptieren, wenn sie sie überwinden wollen.
* Familienmitglieder sollten den Süchtigen die Konsequenzen seiner Handlungen spüren lassen, anstatt zu versuchen, ihn in Schutz zu nehmen oder ihn zu retten. Zum Beispiel soll der Süchtige erleben, dass er hungert, wenn er alles Geld für seine Sucht ausgegeben hat. Er soll auch die Konsequenzen zu spüren bekommen, wenn er regelmäßig zu spät zur Arbeit kommt.
* Die Angehörigen sollten verstehen, dass die Sucht eines Familienmitglieds ihr Leben beeinflusst und dass ihre Situation dadurch belastet ist.
* Die Angehörigen sollten sich den Herausforderungen stellen, die die Sucht für sie selbst mit sich bringt, wie zum Beispiel Ärger, Verbitterung, unterschiedliche Meinungen darüber, was man

dagegen tun kann, finanzielle Belastungen, die aus Rettungsaktionen entstehen können, usw. Sie sind verantwortlich für die Entscheidungen, die sie für sich treffen, aber der Süchtige soll für sein Verhalten selbst zur Verantwortung gezogen werden.

- Die Angehörigen sollten mit dem Suchtkranken über seine Situation sprechen – behutsam und zum rechten Zeitpunkt. Das kann schwierig und sehr belastend sein. Suchtkranke haben die Tendenz, ihr Problem zu verheimlichen, oder sie schämen sich zu sehr und weichen einem Gespräch lieber aus.
- Wenn ein Abhängiger frei wird, kann es sein, dass Angehörige, die sich um ihn gekümmert haben, plötzlich merken, dass sie einen Teil ihrer Identität und ihrer Lebensaufgabe verloren haben. Oder sie nehmen zum ersten Mal wahr, dass sie selber auch Probleme haben, die ihnen bisher nicht bewusst waren. Oder sie ärgern sich, weil die Menschen dem Süchtigen zu seinem Erfolg gratulieren, dabei aber nicht anerkennen, dass die Familie während der Zeit der Abhängigkeit darunter stark zu leiden hatte.

 **DISKUSSION IN KLEINGRUPPEN**

Stellen Sie sich vor, Sie würden mit einem Süchtigen zusammenleben. Diskutieren Sie über die folgenden Fragen:
- ▶ Was könnten Sie tatsächlich tun, um die Situation zu ändern?
- ▶ Wie könnten Sie sich um Ihre eigenen Bedürfnisse kümmern?
- ▶ Manchmal macht man Dinge, mit denen man dem Süchtigen helfen möchte, die ihn aber eigentlich darin bestärken, sein Problem zu ignorieren. Was könnte das sein?

ABSCHLIEßENDE DISKUSSION

Welche Hilfen gibt es in Ihrer Umgebung für Suchtkranke, die den Wunsch haben, von ihrer Sucht befreit zu werden?

Lektion 7.

FÜR DEN HELFER SORGEN

1. Geschichte: Paul macht Urlaub

Viele Jahre lang beobachtete Maria, wie Paul tagelang an den Abenden und vor allem an Wochenenden geflüchteten Menschen half. „Es ist gerade viel los", sagte er dann immer, als ob das nur eine Ausnahme sei. In den letzten Monaten hatte er aber abgenommen und war gereizter als sonst. Immer wieder hatte er nachts Alpträume und wachte davon auf. Maria schlug ihm vor, eine Auszeit zu nehmen. Aber er wurde ärgerlich und sagte: „Wie kann ich die Geflüchteten im Stich lassen? Sie brauchen mich, weil ich ihnen zeige, wie man hier lebt. Und sie brauchen mich, weil ich ihnen zuhöre."

Dann war Paul erkältet und wochenlang krank. Maria sagte: „Du gehst besser zum Arzt." Paul war einverstanden. „Okay. Ich kann es mir nicht leisten, krank zu sein. Ich will nicht noch mehr Versprechen brechen!"

Der Arzt untersuchte Paul, konnte aber nichts feststellen. „Erzählen Sie mir aus Ihrem Leben, Herr Borgha", sagte der Arzt. Paul erzählte, wie vielen geflüchteten Menschen er schon geholfen hatte. „Wenn ich ihnen zuhöre, ist es manchmal so, als ob ich meine eigene Flucht aus unserem Heimatland wieder von neuem erleben würde."

„Herr Borgha", sagte der Arzt, „Sie kümmern sich um alle anderen, aber Sie müssen sich auch um sich selbst kümmern. Ihr Körper sagt Ihnen gerade, es reicht! Wenn Sie nicht auf ihn hören, werden Sie einen hohen Preis bezahlen." Paul antwortete hustend: „Aber ich kann alles durch Christus machen, der mir die Kraft gibt!"

Der Arzt erwiderte: „Jesus hat aber auch gesagt: *Kommt her zu mir alle, die ihr mühselig und beladen seid. Ich will euch Ruhe geben. Jesus bittet Sie nicht, die schwere Last zu tragen. Selbst Er hat nicht jedem geholfen. Warum glauben Sie, dass Sie das können?"*

Diese Worte trafen Paul sehr. Während der Arzt ein Rezept schrieb, redeten sie darüber, wie Paul die Belastung reduzieren und besser auf seinen Körper achten könnte. Außerdem sagte der Arzt: „Sie hören jedem zu, aber Sie brauchen auch Freunde, die Ihnen zuhören! Einer kann dem anderen helfen, die Last zu tragen!" Paul fand den Vorschlag gut. Aber wer könnte ihm zuhören?

Als er nach Hause kam, hatte Maria bereits ihre eigene Therapie gefunden. Sie sagte: „Jesus nahm seine Jünger und zog sich mit ihnen zurück. Gott kann auch eine Weile ohne unsere Hilfe zurechtkommen! Er liebt diese Menschen mehr, als wir es können." Sie hatte eine abgelegene Hütte im Wald gebucht, in der sie sich eine Woche lang ausruhten, die Schönheit der Natur genossen und die Gemeinschaft miteinander!

Während der Zeit überlegten sie zusammen, wie sie Pauls Belastung verringern könnten. Sie erstellten eine Liste mit Namen von Leuten, die sie bitten wollten, ihn in seiner Arbeit zu unterstützen. Zudem kam Paul ein Mann Gottes in den Sinn, Samuel. Ihm könnte er die vielen tragischen Geschichten, die er hörte, anvertrauen.

Nach und nach lernte Paul, in Gottes Liebe zu ruhen, und auf sich und seine Frau zu achten.

✹ FRAGEN FÜR DIE DISKUSSIONSRUNDE

- ► Warum hat Paul wohl diese Probleme?
- ► Wie hat Maria ihm geholfen?

2. Wie können wir wissen, ob ein Helfer überlastet ist?

✹ DISKUSSION IN KLEINGRUPPEN

- ► Sind Ihnen Menschen bekannt, die durch ihre ständige Hilfsbereitschaft so überlastet sind/waren, dass sie entmutigt oder krank geworden sind? Was sagen sie, wie verhalten sie sich?
- ► Haben Sie sich selber einmal überlastet gefühlt? Beschreiben Sie, wie sich das anfühlt.

Es kann zur Erschöpfung führen, wenn man sich ständig um andere Menschen kümmert. Wenn wir uns die traumatischen Geschichten anderer Menschen anhören, besteht die Gefahr, dass wir den Schmerz so tief nachempfinden, dass wir die gleichen Symptome erleben wie der Erzähler. Man nennt das „sekundäres Trauma". Wenn wir uns so intensiv um andere kümmern, besteht die Gefahr, dass wir uns selbst vernachlässigen.

Folgende Symptome können ein Signal sein, dass wir überlastet sind:

- ein ständiges Gefühl von Missmut, Traurigkeit, Stress, Angst, Hilflosigkeit oder Reizbarkeit;
- andauernde Müdigkeit;
- Schlafstörungen, Konzentrationsstörungen;
- Beziehungsprobleme;
- Zweifel an sich selbst und am eigenen Glauben;
- Zweifel an Gottes Güte und Macht;
- den Lügen Satans Glauben schenken;
- häufiger auftretende Krankheiten, Missgeschicke oder Unfälle;
- Abneigung gegen die, die unsere Hilfe brauchen.

Wenn wir über einen längeren Zeitraum einige dieser Symptome an uns feststellen, wird es Zeit, etwas an unserer Situation zu ändern. Wenn wir zudem noch eigene unverheilte innere Verletzungen haben, wird das unsere Belastung noch erhöhen. Wir müssen Heilung für unsere eigenen Wunden finden, bevor wir anderen helfen können. Und wenn wir uns bis zur Erschöpfung für andere einsetzen, werden wir auf Dauer nicht in der Lage sein, die Aufgabe auszuführen, die Gott uns gegeben hat.

3. Welche Herausforderungen können auftreten, wenn man sich um die Nöte anderer kümmert?

> ▸ Was war für Sie schwierig, als Sie sich um andere Menschen gekümmert haben?

In Krisenzeiten haben viele Menschen Probleme und brauchen jemand, mit dem sie darüber sprechen können. Also nimmt die Arbeitslast der Helfer zu. Das kann zu folgenden Schwierigkeiten führen:

A. Der Helfer steht in Gefahr, sich um zu viele Menschen zu kümmern

Ein Helfer denkt vielleicht, er sei unersetzlich und müsse sich persönlich um jeden kümmern. Viele Leute möchten vielleicht nur mit ihm und keinem anderen reden.

B. Der Helfer kann zur Zielscheibe für den Ärger der Menschen werden

Menschen, die eine traumatische Erfahrung durchgemacht haben, tragen oft eine aufgestaute Wut mit sich herum. Diese Wut lassen sie dann möglicherweise ohne Grund an Menschen in ihrer Umgebung aus. Das kann auch den Helfer treffen, obwohl er nur helfen will. Wenn das geschieht, muss er sich klarmachen, dass die verletzte Person ihn nicht persönlich meint. Er sollte den Angriff nicht auf sich selbst beziehen.

C. Menschen können versuchen, den Helfer zu manipulieren

Manche Leute, die mit Problemen zu einem Helfer oder Seelsorger kommen, suchen nicht wirklich eine Lösung. Sie möchten die Schuld auf andere schieben, sich selber aber nicht ändern. Wenn der Helfer versucht, sie mit ihrem Anteil am Problem zu konfrontieren, weichen sie aus. Solche Leute können viel Zeit in Anspruch nehmen. Der Helfer sollte unterscheiden lernen, wer wirklich Hilfe sucht und wer nur seine Aufmerksamkeit haben will.

D. Der Helfer erhält möglicherweise vertrauliche Informationen, die er aber weitergeben muss

Seelsorgerliche Gespräche sind normalerweise vertraulich. Es gibt aber Informationen, die nicht geheim bleiben dürfen. Das betrifft illegale Aktivitäten, sexuelle Gewalttaten, Pläne, die anderen Menschen Schaden zufügen könnten, Kindesmissbrauch oder Absichten sich selbst zu töten. Man sollte den Ratsuchenden im Voraus mitteilen, dass solche Informationen den zuständigen Behörden gemeldet werden müssen.

E. Der Helfer kann es genießen, immer im Mittelpunkt zu stehen

Helfer können Befriedigung darin finden, Macht über das Leben anderer Menschen zu haben. Es kann ihnen das Gefühl vermitteln gebraucht zu werden, vor allem, wenn es ihnen sonst an Selbstvertrauen fehlt. Es kann auch sein, dass man anderen hilft, um den Blick auf die eigenen Probleme zu vermeiden. Das sind natürlich keine guten Gründe, anderen zu helfen. Helfer sollten öfter ihre eigenen Motive hinterfragen und sicherstellen, dass sie gut sind.

F. Der Helfer steht in der Gefahr, nicht genug für sich selbst zu sorgen

Helfer glauben vielleicht, sie müssten immer stark genug sein, um schwere Lasten zu tragen – ohne sich zu beschweren, ohne ärgerlich zu werden und ohne selbst Hilfe in Anspruch zu nehmen. Wenn sie sich jedoch nicht eingestehen, dass sie ärgerlich, traurig, ängstlich oder hilflos sind, laufen sie Gefahr, in geistliche oder emotionale Erschöpfung zu fallen. Wenn sie es dann noch versäumen, für ihren Körper zu sorgen und stattdessen unablässig arbeiten, nicht gesund essen, nicht genug schlafen und sich nicht genügend bewegen, dann können sie kraftlos werden oder sogar zusammenbrechen.

G. Der Helfer steht in der Gefahr, seine Familie zu vernachlässigen

Sich um andere zu kümmern, braucht Zeit. Helfer verbringen oft so viel Zeit mit anderen, dass sie die eigene Familie vernachlässigen. Ehepartner können darüber verärgert oder sogar depressiv werden. Die Kinder können sich darüber ärgern, dass der Vater oder die Mutter für alle anderen Zeit hat, nur nicht für sie. Wenn ein Elternteil ständig außer Haus ist und darüber die Erziehung der Kinder vernachlässigt, kann das zu schweren Problemen führen.

4. Wie können Helfer für sich selber sorgen?

✷ DISKUSSION IN DER GROßEN GRUPPE

👤 Zeigen Sie einen Bleistift und einen Bleistiftspitzer und fragen Sie:

▸ Was passiert, wenn dieser Bleistift nie gespitzt wird? Und was passiert mit einem Auto, das nicht regelmäßig gewartet wird? Ist die Zeit, die für das Spitzen und die Wartung verwendet wird, verschwendet oder sinnvoll eingesetzt?

Wir sind Gottes Instrumente, um Gutes in der Welt zu bewirken. Wenn die Instrumente aber nicht gebührend gepflegt werden, können sie unbrauchbar werden und ihren Nutzen verlieren. Genauso wie man sich Zeit nehmen muss, um einen Bleistift zu spitzen oder ein Auto zu warten, sollten wir uns auch Zeit nehmen, um für uns selbst zu sorgen. Nur dann werden wir in der Lage sein, anderen effektiv zu helfen.

Wenn wir vielen Menschen zuhören, kann die Last all ihrer Schmerzen sehr schwer werden, schwerer als die Last, die der Einzelne zu tragen hat. Wir sollten dafür sorgen, dass wir nicht davon erdrückt werden.

A. Lassen Sie sich von Gott versorgen!

✷ DISKUSSION IN KLEINGRUPPEN

▸ Lesen Sie 1. Könige 19,3–8. Was hat Gott für den Propheten Elia getan, als er müde und entmutigt war?
▸ Lesen Sie 1. Mose 2,2–3 und 2. Mose 23,12. Warum hat Gott wohl am siebten Tag geruht, nachdem er die Welt und alles, was darin ist, erschaffen hatte?

Gott hat versprochen, uns zu trösten, uns zu helfen und stark für uns zu sein, wenn wir uns überfordert fühlen. Er versteht es, wenn wir schwach sind. Jesus selbst war manchmal müde, traurig und mit Sorgen beladen.

Die Heilige Schrift gibt uns viele Beispiele von Dienern Gottes, die so müde waren, dass sie ihre Arbeit nicht weiterführen konnten. Gott hat sich dann in besonderer Weise um sie gekümmert. Nehmen Sie sich Zeit zum Beten, damit Ihnen Gottes Liebe und Fürsorge wieder bewusst wird.

Sorgen Sie auch für Gelegenheiten zum Entspannen. Von Zeit zu Zeit sollten Sie auch mal die Menschen mit ihren Sorgen und Schmerzen hinter sich lassen! Es kann mehrere Tage, vielleicht sogar Wochen dauern, bis sich die Belastung löst und Entspannung eintritt. Helfer sollten auch Zeit für Ehepartner und Kinder reservieren, z.B. gemeinsam in den Urlaub oder zu einer Familienfreizeit fahren.

B. Teilen Sie Ihre emotionale Last mit anderen

Sorgen Sie für regelmäßige Zeiten zum Austauschen und Beten zu zweit oder in einer kleinen Gruppe. Wichtig ist auch der Austausch mit anderen Helfern. So wie traumatisierte Menschen jemand brauchen, bei dem sie sich ihre Laste von der Seele reden können, so sollten auch Helfer und Seelsorger ihre Lasten mit jemand teilen (Galaterbrief 6,2). Diese Person kann zum Mentor des Helfers oder Seelsorgers werden.

C. Verteilen Sie die Arbeitslast auf mehrere Schultern

 DISKUSSION IN KLEINGRUPPEN

> ▸ Lesen Sie 2. Mose 18,13–23.
> ▸ Was war Moses Problem? Wie hat er es gelöst?

Die Arbeit an andere zu delegieren, heißt in erster Linie, die Kontrolle über seine Aufgaben abzugeben. Andere werden die Arbeit vielleicht anders anpacken, und Sie selbst werden nicht mehr im Mittelpunkt des Geschehens stehen.

Finden Sie Mitarbeiter in Ihrer Gemeinschaft, die verantwortungsbewusst sind und eine Gabe zum Helfen haben. Es ist vorteilhaft, ein ausgewogenes Team zu haben: Männer und Frauen verschiedener Altersstufen und Nationalitäten (Römerbrief 12,4–8). Diese Menschen bilden Sie entsprechend aus, sodass sie anderen helfen können. Machen Sie es dann öffentlich bekannt, dass man zu diesen Frauen und Männern gehen kann, wenn man Hilfe braucht. Sorgen Sie dafür, dass die Leute verstehen, dass Sie als Teamleiter effektiver sind, wenn Sie Zeit haben, sich um Ihr eigenes Wohl zu kümmern. Ihre Erfüllung besteht dann darin, andere gut auszubilden und zu erleben, wie sie erfolgreich sind.

D. Sorgen Sie auch für Ihren Körper

- Lösen Sie Ihren Stress durch tägliche Fitnessübungen.
- Sorgen Sie für ausreichend Schlaf. Erwachsene benötigen 7–8 Stunden pro Nacht.
- Gutes, gesundes Essen ist wichtig für eine gute körperliche Verfassung. Arbeitsüberlastung darf nicht dazu führen, dass man nicht ausreichend isst.

AUSTAUSCH IN 2er-GRUPPEN

- Beschreiben Sie Ihre Aufgaben und Verantwortlichkeiten. Wie können Sie sicherstellen, dass Sie selbst und Ihre Familie neben der Sorge für andere nicht zu kurz kommen?
- Lesen Sie zusammen Psalm 23. Denken Sie darüber nach, was es bedeutet, dass Gott sich um Sie kümmert wie ein Hirte sich um seine Schafe kümmert. Genießen Sie seine Fürsorge.

Wenn es die Zeit erlaubt, machen Sie die nachfolgende „Baum-Übung" oder die „Tresor-Übung" (Seite 34). Beide sollten in ruhigen Zeiten eingeübt werden.

BAUM-ÜBUNG – EINE MEDITATION, UM DIE PERSÖNLICHE WIDERSTANDSKRAFT ZU ERHÖHEN

- Lesen Sie als Erstes Psalm 1. Schließen Sie nun die Augen. Wenn Ihnen das unangenehm ist, blicken Sie fest auf einen bestimmten Punkt.

Stellen Sie sich jetzt vor, Sie seien ein Baum.

- Welche Art von Baum wären Sie gerne? Stellen Sie sich vor, Sie seien genau so ein Baum.
- Sehen Sie sich in Gedanken um. Steht Ihr Baum alleine?
- Wie sieht die Landschaft aus, in der er steht?

Richten Sie Ihren Blick nun auf den Stamm des Baumes.

- Achten Sie darauf, wie der Stamm unten im Boden verschwindet und oben in die Höhe steigt und sich verzweigt. Lassen Sie Ihren Blick von den Ästen bis zu den Blättern schweifen. Wenn es ein Baum ist, der Früchte trägt, schauen Sie auf die Früchte, wie sie von den Ästen hängen.

Folgen Sie jetzt dem Stamm bis in die Wurzeln.

- Sehen Sie die Wurzeln an. Handelt es sich um eine einzelne lange Wurzel oder um ein weit verzweigtes Wurzelsystem? Achten Sie darauf, wie sich die Wurzeln im Boden verankert haben.
- Nun beobachten Sie, wie die Wurzeln Wasser und Nährstoffe zum Stamm befördern, und wie die Nährstoffe von dort hinauf bis in die Äste gelangen.

Beobachten Sie jetzt das Wetter.

- Die Sonne scheint auf die Blätter, dadurch geben sie Sauerstoff ab. Stellen Sie sich den Baum vor, wie er einfach nur da steht, genau in der richtigen Temperatur und im richtigen Licht.
- Der Baum braucht jetzt etwas Wasser. Stellen Sie sich einen sanften Regen vor, der über die Blätter rieselt und in den Boden zu den Wurzeln sickert, immer tiefer und tiefer. Die Wurzeln nehmen die Feuchtigkeit auf und transportieren sie in den Baum.
- Jetzt hört der Regen wieder auf, die Sonne bricht hervor und trocknet die Blätter.

Beobachten Sie jetzt die Tiere im Baum.

- Er ist belebt mit Vögeln, Eichhörnchen oder Insekten; sie spielen und tummeln sich in den Blättern. Beobachten Sie ihre Aktivitäten.

Schließlich kommt ein Sturm auf.

- Schwarze Wolken bilden sich in einiger Entfernung. Der Sturm wird dem Baum keinen Schaden zufügen, aber er wird kommen.
- Der Wind nimmt zu und die Wolken kommen näher. Die Äste schwingen hin und her. Der Stamm biegt sich vor und zurück. Einige Blätter werden abgerissen und einige Früchte fallen.

- Richten Sie Ihre Aufmerksamkeit darauf, wie die Wurzeln den Baum festhalten, obwohl er hin und her schwankt. Fühlen Sie, wie der Stamm sich biegt, aber die Wurzeln den Baum fest am Boden halten. Lassen Sie den Sturm eine Weile toben.
- Dann lässt der Sturm langsam nach, bis es wieder ganz still ist.
- Wie fühlt sich der Baum nach dem Sturm?
- Schließlich bricht die Sonne durch die Wolken. Insekten und Vögel kommen zurück. Alles wird trocken. Stellen Sie sich vor, wie der Baum langsam wieder zur Normalität zurückkehrt.

Wenn der Baum wieder ruhig da steht, die Sonne wieder scheint und Insekten und Vögel zurück sind, atmen Sie einige Male tief durch und öffnen Ihre Augen.

Lektion 8.

DEN SCHMERZ ZU GOTT BRINGEN

👤 Gegen Ende des Seminars sollte diese Aktivität im geeigneten Rahmen durchgeführt werden, vielleicht an einem Abend. Wichtig ist, dass jeder seine seelischen Verletzungen wahrgenommen hat und bereit ist, mit Gott und möglichst auch mit anderen darüber zu reden.

👤 Bitte beachten Sie im Handbuch für Kursleiter den Abschnitt „Folgendes sollte vorher überlegt und bereitgestellt werden". (Es geht u.a. darum, ob die Zettel, auf die der innere Schmerz geschrieben wurde, verbrannt oder in Wasser aufgelöst werden.)

👤 Achten Sie bei der Durchführung auf absolute Vertraulichkeit. Die Teilnehmer sollten wissen, dass sie nicht kritisiert werden und dass nichts, was sie erzählen, weitergesagt oder gegen sie verwendet wird. Diese Übung ist kein magisches Ritual, sondern eine Möglichkeit zu erleben, wie Gott beginnt unseren Schmerz zu heilen.

Bisher haben wir uns damit beschäftigt, die Schmerzen wahrzunehmen, die wir mit uns herumtragen. Wir konnten über unseren Schmerz reden, uns gegenseitig zuhören, klagen und ihn auf kreative Art und Weise ausdrücken.

Jetzt geht es darum, unseren Schmerz zu Gott zu bringen und Ihn um Heilung für unser verwundetes Herz zu bitten.

1. Erkennen Sie Ihre seelischen Verletzungen

Jesus ist bekannt dafür, dass Er heilen und große Wunder tun kann. Die Heilige Schrift erzählt uns davon. Wir glauben, dass Er auch heute noch heilen kann, wenn wir Ihm vertrauen und Ihn darum bitten. Er heilt uns nicht nur körperlich, sondern auch seelisch und geistig.

In der Heiligen Schrift steht: „*Am Abend brachte man viele von Dämonen beherrschte Menschen zu Jesus. Er brauchte nur ein Wort zu sagen, und die Besessenen wurden frei und alle Kranken geheilt. So sollte sich erfüllen, was Gott durch den Propheten Jesaja vorhergesagt hatte: »Er nahm unsere Leiden auf sich und trug unsere Krankheiten.«*" (Matthäusevangelium 8,16–17 HfA)

Im 4. Kapitel des Lukasevangeliums steht, dass Jesus in die Synagoge ging und laut aus dem Buch des Propheten Jesaja las: „*Der Geist des Herrn ruht auf mir, weil er mich berufen und bevollmächtigt hat. Er hat mich gesandt, den Armen die frohe Botschaft zu bringen. Ich rufe Freiheit aus für die Gefangenen, den Blinden sage ich, dass sie sehen werden, und den Unterdrückten, dass sie von jeder Gewalt befreit sein sollen. Ich verkünde ihnen ein Jahr, in dem der Herr seine Gnade zeigt.*" (Lukasevangelium 4,18–19 HfA)

Nach der Lesung rollte Jesus die Schriftrolle zusammen, gab sie dem Diener in der Synagoge zurück und setzte sich. Dann heißt es weiter im Lukasevangelium: „*Alle in der Synagoge blickten ihn erwartungsvoll an. Er begann und sagte: »Heute, wo ihr diese Worte hört, hat sich die Voraussage des Propheten erfüllt.«*" (Lukasevangelium 4,20–21 HfA)

Jesus kennt den tiefsten Schmerz in unserem Herzen. Wir dürfen ihn zu Ihm bringen; Er kann uns heilen. Jesus lädt uns dazu ein, unsere Lasten zu Ihm zu bringen und Ruhe zu finden für unsere Seelen. In der Heiligen Schrift lesen wir: „*Kommt alle her zu mir, die ihr müde seid und schwere Lasten tragt, ich will euch Ruhe schenken. Nehmt mein Joch auf euch. Ich will euch lehren, denn ich bin demütig und freundlich, und eure Seele wird bei mir zur Ruhe kommen.*" (Matthäusevangelium 11,28-29 Neues Leben)

Wir wollen jetzt in drei Schritten unsere Last zu Gott bringen: zuerst schreiben wir unseren inneren Schmerz auf, dann erzählen wir jemand anders davon und schließlich bringen wir ihn zu Gott.

A. Schreiben Sie Ihren Schmerz auf

Nehmen Sie sich Zeit mit Gott. Bitten Sie Ihn, Ihnen die schmerzhaften Stellen in Ihrem Innersten zu zeigen. Welche Erinnerungen tun am meisten weh? Woran möchten Sie am liebsten nie mehr denken? Schreiben oder malen Sie es auf. Wir werden diese Dinge zu Gott bringen und die Zettel später vernichten. Niemand wird jemals sehen, was Sie aufgeschrieben oder gemalt haben.

Seien Sie so präzise wie möglich. Benennen Sie:

- Schmerzen, die Ihnen zugefügt wurden;
- Schmerzen, die anderen zugefügt wurden und die Sie mit ansehen mussten oder vom Erzählen anderer kennen;
- Alpträume, die Sie verfolgen;
- Schmerzen, die Sie vielleicht anderen zugefügt haben.

B. Erzählen Sie sich den Schmerz in 2er- oder 3er-Gruppen

Jeder soll die Gelegenheit bekommen, so viel vom Niedergeschriebenen zu erzählen, wie er möchte. Die Zuhörer sollten weder kritisieren noch Ratschläge erteilen. Seien Sie offen, aber gehen Sie nicht näher auf gewalttätige Details ein. Beten Sie füreinander.

2. Bringen Sie Ihren Schmerz zu Gott, der unsere Zuflucht ist

Sagen Sie in der ganzen Gruppe: Was können wir mit unseren Schmerzen tun?

Jesus sagt: „Kommt alle zu mir; ich will euch die Last abnehmen!" (Matthäusevangelium 11,28)

Nehmen Sie sich nun Zeit, Ihren Schmerz vor Gott zu bringen. Versuchen Sie genau zu beschreiben, was schmerzhaft ist. Nehmen Sie sich alle Zeit, die Sie dafür brauchen. Teilen Sie Gott Ihre Gefühle mit, z.B. Wut, Traurigkeit, Einsamkeit oder das Gefühl, verlassen zu sein. Schütten Sie Ihr Herz aus. Lassen Sie Ihren Gefühlen freien Lauf.

A. Geben Sie ihren Schmerz Gott ab

Wenn Sie bereit sind, legen Sie den Zettel, auf den Sie Ihren Schmerz geschrieben haben, in den Karton, den Korb oder die Schüssel vor dem Kreuz. Dabei können Sie innerlich beten: „Weil Du, Gott, mächtig bist, weil Du mich liebst und weil Du die Last der ganzen Welt tragen kannst, will ich Dir meine Last und meinen Schmerz übergeben. Ich bitte Dich: heile mich."

B. Empfangen Sie Gottes Frieden

♟ (Falls die Zettel verbrannt werden, bringen Sie sie jetzt nach draußen.)

Während Sie zuschauen, wie Ihre Zeilen oder Ihre Zeichnung verschwinden, hören Sie auf die folgenden Worte der Heiligen Schrift:

> *„Du hast mein Klagelied in einen Freudentanz verwandelt,*
> *mir statt des Trauerkleids ein Festgewand gegeben.*
> *Ich musste nicht für immer verstummen;*
> *ich kann dich mit meinen Liedern preisen.*
> *Dir, HERR, mein Gott, gilt allezeit mein Dank!“ (Psalm 30,12–13)*

Gott nimmt unseren Schmerz, reinigt unser Herz von Scham und Schuld und macht uns fleckenlos rein. Nehmen Sie sich Zeit, um Gottes heilende Gegenwart zu erfahren.

Beten Sie für Ihren rechten Nachbarn und bitten Sie Gott, dass er weiterhin sein verwundetes Herz heilt.

3. Erzählen Sie den anderen, was Gott getan hat

♟ Möchte jemand erzählen, was er mit Gott erlebt hat? Wie hat Er gewirkt oder geholfen?

Loben und danken Sie Gott mit Worten und Liedern. Er ist unser Helfer und Er heilt unser verwundetes Herz.

Bitte beachten Sie, dass Heilung Zeit braucht und dass das Abgeben des Schmerzes nicht automatisch alle Wunden sofort heilen wird. Vielleicht muss der Schmerz im Heilungsprozess immer wieder zu Gott gebracht werden. Wir können dies in unseren Gedanken und Gebeten tun, jederzeit, auch ganz allein.

Lektion 9.

VERGEBUNG

1. Geschichte: Esther vergibt Gabriel

Fünf Jahre lang hatte Esther darauf gewartet, in ein eigenes Haus zu ziehen. Sie hatte hart daran gearbeitet, um das Prozedere eines Hauskaufs im Land der Hoffnung zu verstehen. Sie hatte genug gespart, um einen Kredit zu bekommen. Sie hatte das perfekte Haus gefunden. Jetzt saß sie in der Bank und schaute nervös auf ihre Uhr. Wo blieb Gabriel nur? Sie hatte ihn immer wieder daran erinnert, pünktlich da zu sein.

Schließlich kam der Bankmitarbeiter aus seinem Büro und sagte: „Tut mir leid, Frau Sayd, aber wir müssen einen neuen Termin vereinbaren. Ich habe jetzt einen anderen Termin." Esther konnte kaum glauben, dass Gabriel sie schon wieder hängen gelassen hatte. Wenn es mit dem Kredit jetzt nicht klappte, würden andere Leute das Haus kaufen. Sie verließ die Bank.

Esther war wütend, so wütend wie nie zuvor. Als sie nach Hause kam, nahm sie einen Teller nach dem anderen aus dem Schrank und warf sie durchs Zimmer. Sie zerschmetterten auf dem Boden. Es fühlte sich irgendwie gut an.

Gabriel kam verschämt durch die Tür – gerade in dem Moment, als Esther den letzten Teller in der Hand hielt. Sie warf ihn Gabriel direkt an den Kopf. Blut lief ihm übers Gesicht. „Wo warst du?", schrie Esther ihn an. „Du weißt genau, wie sehr ich dieses Haus wollte! Warum bist du nicht gekommen? Ich kann diese Familie nicht über Wasser halten, wenn du uns immer wieder nach unten ziehst. Du bist nicht mehr der Mann, den ich geheiratet habe!"

Gabriel versuchte zu Wort zu kommen und erklärte, dass Jonathan schon zu spät war und sie sich dann noch verfahren hatten, aber Esther hörte nicht zu.

Ausgerechnet in dem Moment kamen Paul und Maria mit einem Kuchen, auf dem geschrieben stand: „Herzlichen Glückwunsch zum neuen Haus!" Sie sahen Esther und Gabriel und das zerbrochene Geschirr.

Maria ging mit Esther ins Schlafzimmer und versuchte sie zu beruhigen. Esther berichtete Maria, was passiert war. Als Maria fragte, wie sie sich fühlte, antwortete Esther: „Wie ein Vulkan, der im Inneren jahrelang gebrodelt hat." Maria fragte: „Was ist das Schwerste für dich an der momentanen Situation?" Esther weinte und sagte: „Dass Gabriel aufgegeben hat. Er enttäuscht mich immer wieder. Ich kann nicht mehr."

Schließlich sagte Maria: „Esther, du musst Gabriel vergeben."

„Ihm vergeben?", schoss Esther zurück. „Aber er hat mich sehr verletzt! Und das immer wieder!"

„Ja, vergib ihm", antwortete Maria. „Vergeben heißt nicht, dass er dich nicht verletzt hat, oder dass du verharmlost, was er getan hat. Aber die Bitterkeit ist wie Gift, das letztendlich dich tötet, nicht Gabriel."

Esther wusste, dass Maria die Wahrheit sagt. Nachts gingen ihr immer wieder die Situationen durch den Kopf, in denen Gabriel sie verletzt hatte, und sie spürte immer wieder aufs Neue, wie wütend sie auf ihn war. Dadurch war sie meistens schlecht gelaunt.

Maria fuhr fort: „Das Wort Gottes sagt: *»Lass dich nicht vom Bösen überwinden, sondern überwinde das Böse mit Gutem.«* Es gibt einen besseren Weg, einen Weg, der auch funktioniert!"

„Aber Maria", sagte Esther, „Gabriel hat sich nie für etwas entschuldigt. Er muss den ersten Schritt machen."

„Esther", war Marias Antwort, „Gott hat uns vergeben, bevor wir Ihn darum gebeten haben. Wir sollten das Gleiche tun. Vergebung hängt nicht vom anderen ab."

Esther hatte noch einen letzten Einwand: „Das ist zu schwer, Maria. Das kann ich nicht."

Maria antwortete: „Das stimmt! Du musst Gott um Hilfe bitten. Sage Ihm, dass du Gabriel vergeben möchtest. Er wird dir dabei helfen." Schließlich bat Esther Gott um Hilfe.

Im Laufe der Woche hatte Esther Gelegenheit, mit Gabriel zu reden. „Gabriel", sagte sie, „du hast mich oft verletzt. Ich musste die Familie alleine durchbringen, während du dich im Schlafzimmer versteckt hast. Du hast mich immer wieder enttäuscht, wenn ich dich gebraucht habe.

In der Bank hast du mich mehr verletzt, als du es dir vorstellen kannst. Aber ich habe Gott gebeten, dass Er mir hilft dir zu vergeben."

Gabriel streckte seiner Frau die Hand entgegen. „Esther", sagte er, „du bist die beste Frau der Welt. Es tut mir leid, dass ich dich verletzt habe. Vergib mir. Ich verspreche dir mich zu bessern."

Esther hielt seine Hand und nickte mit dem Kopf. „Glaubst du, wir können uns jemals wieder so vertrauen wie vor dem Krieg?", fragte Esther.

„Das hoffe ich! Wunden brauchen Zeit zum Heilen", sagte Gabriel. „Wir müssen Geduld haben."

✪ FRAGEN FÜR DIE DISKUSSIONSRUNDE

▸ Welche falsche Vorstellung hatte Esther von Vergebung?

▸ Wie würden Sie echte Vergebung erklären?

2. Was bedeutet Vergebung?

Vergebung bedeutet zu beschließen, den Schmerz und die Wut loszulassen, die durch das Vergehen verursacht wurden, es dem Täter nicht mehr anzulasten und auf Vergeltung zu verzichten. Das ist schwer. Wie können wir die Kraft finden, das zu schaffen?

Hören Sie sich die Geschichte an, die Jesus erzählt hat (Matthäusevangelium 18,23–34):

Es lebte einmal ein König, der eines Tages beschloss mit seinen Dienern, die Geld von ihm geliehen hatten, abzurechnen. Er hatte gerade damit begonnen, als ein Diener zu ihm gebracht wurde, der ihm einen Millionenbetrag schuldete. Da der Diener nicht bezahlen konnte, befahl der König, ihn mit seiner Frau, seinen Kindern und seinem ganzen Besitz als Sklave zu verkaufen, um die Schuld zu begleichen. Der Diener fiel vor dem König auf die Knie und flehte ihn an: „Herr, hab doch Geduld mit mir, ich werde dir alles zurückzahlen." Der König hatte Mitleid, er erließ ihm die Schuld und ließ ihn gehen. Kaum war der Mann draußen, traf er einen Kollegen, der ihm eine kleine Geldsumme schuldete. Er packte ihn am Kragen und verlangte, dass er auf der Stelle alles bezahlen sollte. Der Kollege fiel auf die Knie und flehte: „Sei geduldig mit mir, ich werde meine Schuld bald zurückzahlen." Aber der Diener, dem die Schulden erlassen wurden, weigerte sich zu warten und ließ seinen Kollegen ins Gefängnis werfen, bis er die Schuld beglichen hätte. Als die anderen Diener sahen, was geschehen war, waren sie empört. Sie gingen zum König und sagten ihm alles. Der König rief den ersten Diener herein. „Du herzloser Mensch!", sagte er. „Ich habe dir deine großen Schulden erlassen, nur weil du mich darum gebeten hast. Hättest du nicht auch mit deinem Kollegen Mitleid haben sollen, so wie ich Mitleid mit dir hatte?" Der König war sehr wütend und ließ den Mann ins Gefängnis werfen, bis er den ganzen Betrag zurückbezahlt hätte.

Wenn wir denen vergeben wollen, die uns verletzt haben, hilft es, uns bewusst zu machen, wie dringend wir selbst Vergebung brauchen, und wie viel Gott uns bereits vergeben hat. Die Geschichte ist ein Bild dafür. Der König, der die Schuld des Knechtes erlassen hat, ist wie Gott, der uns all unsere Schuld, all unsere schlechten Taten vergibt. Es sind so viele, dass wir nie genug gute Taten vollbringen könnten, um die schlechten auszugleichen. Wenn wir Gottes Gnade persönlich erlebt haben, können wir Kraft bekommen, anderen zu vergeben.

Echte Vergebung bedeutet das Recht aufzugeben, diejenigen zu verletzen, die uns verletzt haben. Esther hatte eine falsche Vorstellung von Vergebung, die es ihr erschwerte, Gabriel zu vergeben. Maria half ihr zu verstehen, was Vergebung **nicht** ist, nämlich:

- zu sagen, dass die Verletzung nicht so schlimm ist oder dass man gar nicht verletzt ist;
- zu verstehen, warum der andere tat, was er tat;
- so zu tun, als ob nichts passiert wäre;
- darauf zu warten, dass der Schuldige sich zuerst entschuldigt oder sein Verhalten ändert;
- zuzulassen, dass der Schuldige sich vor den Konsequenzen seiner Tat drücken kann;
- zuzulassen, dass der Schuldige andere Unschuldige oder uns selbst wieder verletzt;
- jemandem direkt wieder zu vertrauen, nachdem er uns verletzt hat.

3. Wie können wir Vergebung erfahren?

- Indem wir uns Zeit nehmen und ehrlich darüber nachdenken, wo wir Gott und unsere Mitmenschen verletzt haben. Es kann sich um Worte, Taten oder Versäumnisse handeln (Römerbrief 3,23). Das kann uns traurig machen und sogar zum Weinen bringen (Jakobusbrief 4,8–9). Aber diese Traurigkeit kann eine heilende Wirkung haben. Im 2. Korintherbrief 7,10 steht: *„Denn der Schmerz, wie Gott ihn haben will, ruft eine Reue hervor, die niemand je bereut; denn sie führt zur ewigen Rettung. Der Schmerz, wie ihn die Menschen dieser Welt empfinden, führt dagegen zum ewigen Tod."*
- Indem wir Verantwortung übernehmen für das, was wir getan haben und unsere Sünde beim Namen nennen (Sprüche 28,13; Psalm 32,3–5).
- Indem wir Gott um Vergebung bitten und sie auch annehmen (1. Johannesbrief 1,9).
- Indem wir uns selbst vergeben.
- Indem wir diejenigen um Vergebung bitten, die wir verletzt haben – ohne uns zu rechtfertigen, ohne Schuldzuweisung und ohne zu verlangen, dass sie uns sofort wieder ihr Vertrauen schenken (Jakobusbrief 5,16). Wir sollten so um Vergebung bitten, dass alle Betroffenen es mitbekommen. Wenn wir z.B. jemanden in aller Öffentlichkeit beleidigt haben, sollten wir auch in aller Öffentlichkeit um Verzeihung bitten.
- Indem wir durch unser Handeln zeigen, dass wir unsere Tat bereuen (Apostelgeschichte 26,20b).
- Indem wir, sofern es möglich ist, zurückgeben, was wir genommen haben (4. Mose 5,5–7).

4. Wie können wir anderen vergeben?

Wir haben recht, wenn wir denken, es sei zu schwierig, dem anderen zu vergeben. Gott ist der Einzige, der uns befähigen kann zu vergeben. (Kolosserbrief 3,13)

A. Bringen Sie Ihren Schmerz zu Gott

Jemandem vergeben heißt...

- wahrnehmen, dass uns Unrecht getan wurde;
- zulassen, dass wir den Schmerz, der uns zugefügt wurde, fühlen;
- den Schmerz zu Gott bringen und ihn loslassen.

Wenn Gott unseren Schmerz lindert, macht er uns fähig, denen zu vergeben, die uns verletzt haben.

Wenn uns etwas verletzt hat und wir streiten es ab, sind wir nicht aufrichtig. Das sollten wir aber sein (Epheserbrief 4,25).

B. Warten Sie nicht darauf, dass der andere sich entschuldigt

Oft sind wir erst bereit jemandem zu vergeben, wenn er sich bei uns entschuldigt hat. Oder wir wollen sehen, dass er sein Verhalten ändert, bevor wir ihm vergeben. Wir sollten es aber machen wie Josef: So wie er seinen Brüdern vergab, obwohl sie sich nicht bei ihm entschuldigt hatten (1. Mose 45,4–7), sollten wir unseren Mitmenschen vergeben, auch wenn ihnen das Geschehene nicht leid tut. Die Heilige Schrift sagt, dass Jesus sich für unsere Vergebung hingab, sogar bevor wir uns Ihm zugewandt hatten (1. Johannesbrief 4,10).

C. Vergebung ist ein Prozess, der Zeit braucht

Vergebung geschieht nicht in einem Augenblick. Wir fangen an zu vergeben, aber manchmal kommen Erinnerungen an den Schmerz hoch und wir fallen zurück. Dann vergeben wir wieder, jedes Mal ein bisschen mehr und irgendwann können wir (fast) ganz vergeben.

Der Verlauf der Vergebung

Wenn wir jemandem vergeben, erinnern wir uns trotzdem noch an das, was passiert ist. Es kann sein, dass wir anfangs immer noch den damit verbundenen Schmerz empfinden. Wenn das passiert, sollten wir ihn immer wieder zu Gott bringen. Der Wille zu vergeben ist oft vor den Gefühlen da, manchmal lange zuvor. Je öfter wir unseren Schmerz bei der Erinnerung an den Vorfall an Gott abgeben, desto kleiner wird er.

Wenn wir jemandem vergeben, heißt das nicht, dass wir ihm sofort wieder vertrauen. Es bedeutet auch nicht, dass der andere sich verändert hat. Selbst wenn eine Veränderung stattgefunden hat, wurde Vertrauen missbraucht; es kann nicht von heute auf morgen wiederhergestellt werden. Wenn wir ganz allmählich gute Erfahrungen machen mit dem Menschen, der uns verletzt hat, werden wir langsam lernen, ihm wieder zu vertrauen. Aber es kann lange dauern, bis wir ihm wieder ganz vertrauen können, wenn überhaupt.

D. Der Schuldige muss die Konsequenzen für sein Handeln tragen

Vergebung heißt nicht, dass der Schuldige nicht für seine schlechten Taten bestraft wird. Vergebung heißt, dass wir es Gott überlassen, Rache zu nehmen und zu richten. Er kann das viel besser als wir. Die Heilige Schrift sagt:

> *Nehmt keine Rache, holt euch nicht selbst euer Recht, meine Lieben, sondern überlasst das Gericht Gott. Er sagt ja in den Heiligen Schriften: »Ich bin der Rächer, ich habe mir das Gericht vorbehalten, ich selbst werde vergelten.« Handelt vielmehr nach dem Wort: »Wenn dein Feind hungrig ist, dann gib ihm zu essen, und wenn er Durst hat, gib ihm zu trinken. Dann wird es ihm bald leidtun, dein Feind zu sein.« Lass dich nicht vom Bösen besiegen, sondern überwinde es durch das Gute! (Römerbrief 12,19–21)*

Auch wenn wir jemandem vergeben haben, kann es notwendig sein, ihn vor Gericht zu bringen, um zu verhindern, dass in Zukunft andere verletzt werden.

Wenn wir jemandem vergeben, heißt das nicht, dass der Schuldige keine Wiedergutmachung leisten muss. Es gibt Dinge, die man nicht zurückerstatten kann, wie z.B. die Jungfräulichkeit oder ein Menschenleben. Wenn jedoch jemand beispielsweise ein Fahrrad gestohlen hat, sollte er es zurückgeben oder ersetzen (4. Mose 5,5–7).

► Was wird in Ihrer Kultur über Vergebung gesagt?

► Passt das mit dem zusammen, was wir gerade besprochen haben?

5. Warum will Gott, dass wir anderen vergeben?

ÜBUNG

Stellen Sie sich vor, Sie hätten einen Menschen, dem Sie nicht vergeben haben, auf Ihren Rücken gebunden. Wohin Sie auch gehen, was immer Sie auch machen, er begleitet Sie als schwerer Ballast.

Stellen Sie sich nun vor, dass Sie dieses lästige Gewicht von Ihrem Rücken lösen.

Denken Sie über folgende Fragen nach:

► Wie haben Sie sich gefühlt, als Sie den Menschen auf Ihrem Rücken hatten?

► Wie haben Sie sich gefühlt, nachdem Sie ihn losgelassen hatten?

► Wer leidet, wenn wir unseren Mitmenschen nicht vergeben – der Täter oder das Opfer?

A. Vergebung befreit uns von Wut und Verbitterung

Wenn wir nicht vergeben, können uns Wut und Bitterkeit beherrschen und beginnen uns zu zerstören. Wenn wir einer Person, die uns verletzt hat, nicht vergeben, sind wir selbst diejenigen, die darunter leiden. Wenn wir uns weigern zu vergeben, kann unser Körper krank werden. Wir können Kopfschmerzen, Magengeschwüre oder Herzprobleme bekommen. Wir können sogar genauso gewalttätig und böse werden wie die, die uns Böses angetan haben. Vergebung befreit uns von all dem. Wir vergeben zu unseren eigenen Gunsten (2. Korintherbrief 2,10–11).

Wenn wir nicht vergeben, besteht die Gefahr, dass wir den Hass an unsere Kinder oder an andere weitergeben. Dadurch entsteht ein Kreislauf von Hass und Gewalt, der von Generation zu Generation weitergereicht wird. Im Hebräerbrief steht: *„Bemüht euch um Frieden mit allen in der Gemeinde und darum, dass ihr heilig seid und euer ganzes Leben Gott* *gehört. Wer das versäumt, wird den Herrn nicht zu sehen bekommen. Gebt aufeinander Acht, dass niemand die Gnade Gottes verscherzt und dass nicht jemand unter euch wie eine giftige Wurzel ausschlägt und viele vergiftet."* (Hebräerbrief 12,14–15)

Nur Vergebung kann diesen Kreislauf der Rache durchbrechen.

Vergebung befreit uns von den Ketten der Verbitterung

B. Vergebung zeigt, dass wir verstehen, wie viel Gott uns vergeben hat

Wenn wir begreifen, wie sehr wir Gott mit unserer Sünde verletzt haben, wird jedes Vergehen gegen uns winzig erscheinen. Dann werden wir anderen so vergeben wollen, wie uns vergeben wurde (Epheserbrief 4,32; Matthäusevangelium 18,21–35).

Jesus leitete seine Nachfolger an, wie sie beten sollten: *„Vergib uns unsere Schuld, wie auch wir denen vergeben, die an uns schuldig geworden sind"* (Matthäusevangelium 6,12 HfA). Wir vergeben anderen, weil Gott uns vergibt.

C. Durch Vergebung können wir uns mit denen versöhnen, die uns verletzt haben

Unser Verhältnis zu dem, der uns verletzt hat, wird solange belastet sein, bis wir ihm vergeben haben. Durch Vergebung ist es möglich, dass unsere Beziehung wiederhergestellt wird. Vergebung kann den Täter auch dazu bewegen, sich versöhnen zu wollen. Zur vollständigen Wiederherstellung ist Versöhnungsbereitschaft von beiden Seiten notwendig. Auch wenn wir es uns noch so sehr wünschen, dass die Beziehung wiederhergestellt wird – alleine schaffen wir es nicht.

✦ DISKUSSION IN KLEINGRUPPEN

- ▶ Was ist so schwer daran, dem anderen zu vergeben? Was hat Ihnen am meisten geholfen, als Sie jemandem vergeben wollten?
- ▶ Welche Traditionen haben Sie, die Ihnen helfen, anderen zu vergeben? Welche Traditionen hindern Sie daran?

ABSCHLIESSENDE AKTIVITÄT

- Je eine Person liest einen der folgenden Abschnitte aus Gottes Wort vor und nennt den wichtigsten Punkt:

Epheser 4,32	Matthäus 18,21–22
Matthäus 18,35	Römer 12,14

- Nehmen Sie sich 5 Minuten Zeit zum Beten und bitten Sie Gott darum, Ihnen die Sünden zu zeigen, die Sie ins Reine bringen sollten. Bekennen Sie diese Sünden vor Gott und nehmen Sie seine Vergebung an.
- Lesen Sie anschließend laut 1. Johannes 1,9.
- Nehmen Sie sich nochmals 5 Minuten Zeit und überlegen Sie, wem Sie vergeben sollten. Bitten Sie Gott darum, Ihnen zu helfen, dem anderen zu vergeben.
- Teilen Sie den anderen mit, was Gott Ihnen über Vergebung gezeigt hat.
- Loben Sie Gott mit Worten und Liedern, weil Er uns vergibt und uns dazu befähigt, anderen zu vergeben.

Lektion 10.

KONFLIKTE ZWISCHEN (ETHNISCHEN) GRUPPEN

1. Geschichte: Rate mal, wer zum Essen kommt!

Jackie war inzwischen seit einem Jahr drogenfrei und hatte Timo an der Universität kennen gelernt. Er war groß gewachsen, sah gut aus, war gläubig und sehr reif für sein Alter. Jackies Eltern waren jedoch nicht zufrieden. „Denk an deinen letzten Freund aus dem Land der Hoffnung! Sie sind nicht wie wir, Jackie. Sie wollen immer nur mehr, mehr, mehr. Immer in Eile. Arbeit, Arbeit, Arbeit. Willst du so ein Leben?"

Gabriel fuhr fort: „Sie sind respektlos. Sie behandeln jeden gleich. Und das Essen – das ist kein Essen! Und was weißt du über seine Familie? Er ist ein Fremder, Jackie, und Fremde sind gefährlich!"

Jackie hatte trotzdem die Absicht, Timo zu heiraten. „Wir können seine Eltern zum Essen einladen, dann könnt ihr sie kennen lernen", schlug sie vor. Gabriel und Esther willigten widerwillig ein und ein Termin wurde festgelegt. Sie luden auch einige Freunde aus der Flüchtlingsgemeinde ein. Timo und seine Eltern, Hans und Sandra, fuhren pünktlich um 17 Uhr vor. Sie blieben eine Weile im Auto sitzen und schienen sich lebhaft zu unterhalten. Schließlich stiegen sie aus und gingen auf die Haustüre zu, gerade als einige Nachbarn mit einem großen Topf Suppe kamen. Sandra hatte Pralinen mitgebracht.

Es war ein heißer Tag im August. Hans trug einen Anzug mit Krawatte. Er schaute sich unbehaglich um und kontrollierte seine hintere Hosentasche. Er hatte schon so einiges über diesen Stadtteil gehört.

Gabriel begrüßte ihn und bot ihm einen Platz an. Es kamen immer mehr Leute mit immer mehr Essen. Der Deckenventilator verteilte die heiße Luft im Raum. Hans schaute immer wieder nervös auf die Uhr, aber sonst schien niemanden die Zeit zu interessieren. Schließlich löste er seine Krawatte und legte sein Jackett ab.

Sandra redete mit den anderen Frauen. Sie hatte als Jugendliche ein freiwilliges soziales Jahr im Ausland gemacht und hatte sich immer für Menschen aus anderen Kulturen interessiert. Bald konnte Hans ihr lautes Lachen hören. „Sie sagten fünf Uhr und jetzt ist es sieben", dachte Hans. „Um halb acht habe ich eine Gemeindeversammlung!"

Dann kam Paul, endlich jemand, den er kannte! Sie hatten sich bei einer Gemeindekonferenz kennengelernt. Paul begrüßte Hans herzlich, danach sprach er das Eröffnungsgebet. Ein älterer Mann stand auf und begrüßte die Gruppe. Er schaute zu Hans und sagte: „Wenn du meine Tochter heiraten möchtest, macht das 150."

Hans verstand nicht. „150 was? Hochzeitsgäste?"

Der ältere Mann antwortete: „150 Kühe. Sie ist groß und stark und gesund. Und sie kann kochen. Wenn du keine Kühe hast, kannst du auch in bar bezahlen, 400 Euro pro Kuh."

Hans war mehr als verwirrt. Er war wütend! Frauen sind keine Ware, die man mit Kühen oder Geld kaufen kann! Wie erniedrigend für Jackie. Und warum redete der alte Mann mit ihm? Was hatte er mit der Hochzeit seines Sohnes zu tun?

Paul stand auf und bat Hans, sie zu entschuldigten. Er sagte etwas in einer anderen Sprache zu den Gastgebern und den anderen Gästen und ging mit ihnen in eines der Schlafzimmer. Hans hörte, wie heiß diskutiert wurde, verstehen konnte er allerdings nichts. Schließlich kamen sie wieder heraus.

„Wir sind alle gläubige Menschen", sagte Paul als Vermittler. „Versprecht uns einfach, dass ihr gut auf unsere Tochter aufpasst. Wir brauchen Frieden zwischen unseren Familien. Das ist ein Segen."

In diesem Augenblick zog Timo einen Ring aus seiner Tasche und bat Jackie, seine Frau zu werden. Die Frauen begannen zu tanzen und zu singen und gratulierten dem Paar und dessen Eltern.

Gabriel ging auf seine neuen Verwandten zu und sagte: „Kommt, ihr dürft euch zuerst Essen nehmen!" Sie protestierten, gingen dann aber doch zum Tisch. „Was ist das?", fragte Hans und zeigte auf einen der Eintöpfe. „Ziegen-Eintopf und da ist Schnecken-Eintopf!", sagte Gabriel voller Stolz. Hans und Sandra nahmen gerade so viel, dass es nicht unhöflich aussah. Hans probierte einen Bissen und fing an zu husten. Jackie brachte ihm schnell etwas Wasser.

Während Gabriel wartete, bis sich jeder bedient hatte, öffnete er die Schachtel Pralinen. Jede Praline war in glänzendes Papier gepackt. Gabriel versuchte eine auszupacken, aber er war etwas unbeholfen, denn die Praline war geschmolzen und zerlief, als er sie in der Hand hielt. Er leckte die Schokolade von seinen Fingern, um höflich zu sein, und dachte: „Das soll Essen sein?" Timo eilte mit Servietten herbei, um die Schokolade von seinen Händen zu wischen.

Hans und Sandra fuhren spät am Abend nach Hause. „Weißt du", sagte Sandra, „obwohl die geflüchteten Menschen so viel verloren haben, haben sie etwas, das wir nicht haben!" „Was?", fragte Hans. „Gemeinschaft, zusammen Zeit verbringen, lachen, singen!", sagte Sandra. „Es gibt einen Vers im Wort Gottes, der sagt, dass Leiden den Glauben stärkt. Ich glaube, das war heute Abend ein Beispiel dafür."

✪ FRAGEN FÜR DIE DISKUSSIONSRUNDE

- ▸ Was denken die Eltern über die geplante Hochzeit von Timo und Jackie?
- ▸ Warum denken sie so?
- ▸ Wie hat Paul geholfen?
- ▸ Wie reagieren andere Menschen wohl, wenn sie Timo und Jackie als Paar sehen?

2. Was sind Gründe für Konflikte zwischen (ethnischen) Gruppen?

✪ DISKUSSION IN KLEINGRUPPEN

- ▸ Gibt es Konflikte zwischen Gruppen in Ihrer Umgebung oder Ihrem Land? Wo haben diese ihre Wurzeln?

A. Kampf um Ressourcen

Die Wurzel vieler Konflikte ist ein starkes Verlangen nach etwas, wofür man zu kämpfen bereit ist. Das kann zum Beispiel Land oder Wasser oder politische Macht sein. Entweder man will mehr davon, als man wirklich braucht, oder man fürchtet, dass die Ressourcen knapp werden bzw. dass man zu kurz kommt, weil einem etwas weggenommen wird.

Was verursacht die Kriege und Streitigkeiten unter euch? Sind es nicht die vielen Begierden, die in euch kämpfen? Ihr begehrt und habt nichts; ihr schmiedet Pläne und tötet und bekommt nichts. Ihr seid neidisch auf das, was andere haben, und könnt es nicht bekommen; also kämpft und streitet ihr, um es ihnen wegzunehmen. Doch euch fehlt das, was ihr so gerne wollt, weil ihr Gott nicht darum bittet. Und selbst wenn ihr darum bittet, bekommt ihr es nicht, weil ihr aus falschen Gründen bittet und nur euer Vergnügen sucht. (Jakobusbrief 4,1–3 Neues Leben)

B. Unfähige oder ungerechte Regierungen

Gott hat Regierungen eingesetzt, damit die Menschen in gerechten Verhältnissen leben können (Römerbrief 13,1–4). Wenn aber eine Regierung ihre Bürger nicht schützt und Menschen leiden müssen, kann es zu dem Punkt kommen, dass sich die Menschen auflehnen. In Zeiten politischer Unsicherheit brechen oft alte Konflikte zwischen Gruppen wieder auf, weil niemand da ist, der Einhalt gebietet.

C. Anstifter des Hasses

Immer wieder treten Menschen wie Adolf Hitler auf, die ganze Nationen in Kriege verwickeln können. Auch Presse und Medien können Öl ins Feuer des Hasses gießen. Die Menschen beginnen sich gegenseitig umzubringen, ohne wirklich zu verstehen, warum sie das tun. Ein Teufelskreis der Gewalt kann sich entwickeln. Nur durch tiefgreifende Vergebung kann ein solcher Kreislauf durchbrochen werden (Matthäusevangelium 5,43–48).

D. Von anderen übernommene Vorurteile

Oft lernen Kinder die Vorurteile und den Hass gegenüber anderen (ethnischen) Gruppen von ihren Eltern. Sobald es heißt „Die Leute von der anderen Gruppe sind immer ...", geht es um Vorurteile. Damit werden alle Angehörigen der anderen Gruppe gleich beurteilt, und zwar alle gleich negativ. So findet man nie heraus, wie sie wirklich sind. Würden sie einander kennen, dann würden sie schnell merken, dass ihre Vorurteile nicht der Wirklichkeit entsprechen. Gott kennt keine Vorurteile, er nimmt Menschen aller Gruppen an (Apostelgeschichte 10,34–35).

Kommt es zu kriegerischen Auseinandersetzungen, wird die Schuld für alle Probleme der anderen Gruppe zugeschoben. Um die Angehörigen der anderen Gruppe ohne schlechtes Gewissen töten zu können, werden sie als minderwertige Rasse dargestellt. Man denkt, die eigene Gruppe sei höherwertig und habe damit auch bestimmte Privilegien.

Hängen Sie ein großes Blatt Papier auf und schreiben Sie die ethnische Gruppe oder Nationalität des Kursleiters darauf. Bitten Sie die Gruppe, positive und negative Wörter zusammenzutragen, die ihnen einfallen, wenn sie an diese ethnische Gruppe oder Nationalität denken. Schreiben Sie die genannten Wörter kommentarlos auf. Bitten Sie dann einen Freiwilligen, seine ethnische Gruppe zu nennen und verfahren Sie ebenso (5 Minuten).

Hängen Sie nun vier weitere Blätter, auf denen jeweils eine bekannte Nationalität oder ethnischen Gruppe steht, im Raum verteilt auf. Teilen Sie die große Gruppe in vier Kleingruppen, bitten Sie sie, jeweils zu einem der vier Blätter zu gehen und drei Wörter aufzuschreiben, die ihnen über die Nationalität auf ihrem Blatt spontan in den Sinn kommen. Nach zwei Minuten wechseln alle Gruppen zum nächsten Blatt. So geht es weiter, bis alle an allen Stationen waren (10 Minuten).

Legen Sie nun alle Blätter auf einen Tisch. Lesen Sie die Wörter vor und lassen Sie die Gruppe entscheiden, ob sie negativ oder positiv sind. Oft überwiegen die negativen Wörter. Das zeigt, wie viele Vorurteile wir haben. Streichen Sie jede Liste mit einem großen X durch und fragen Sie die Gruppe, ob sie bereit ist, sich von diesen Vorurteilen zu distanzieren. Wenn wir solche Vorurteile nicht ablegen, können sie ethnische Konflikte schüren. (5 Minuten)

3. Wie können wir mitten in Konflikten in Frieden miteinander leben?

DISKUSSION IN KLEINGRUPPEN

Schreiben Sie die vier untenstehenden Überschriften (A–D) auf eine Flipchart oder Wandtafel. Teilen Sie jeder Gruppe eine

Überschrift zu und geben Sie Ihnen die folgenden Abschnitte aus der Heiligen Schrift.

Für Überschrift A: Matthäusevangelium 10,28–31
Für Überschrift B: Apostelgeschichte 10,34–35
Für Überschrift C: Römerbrief 12,19–21
Für Überschrift D: Markusevangelium 6,31; 45–46

► Wie beantwortet der Abschnitt Ihrer Gruppe die Frage: Wie können wir mitten in Konflikten in Frieden miteinander leben?

Tragen Sie die Rückmeldungen in der großen Gruppe zusammen; fügen Sie dann von den folgenden Punkten hinzu, was noch nicht erwähnt wurde.

Wir sollen Frieden und Licht in konfliktreiche Situationen bringen (Matthäusevangelium 5,13–16; Philipperbrief 2,14–16). Dadurch entsteht Segen, aber es ist nicht einfach. Man muss sich bewusst dafür entscheiden, jeden Tag aufs Neue.

A. Gott möchte, dass wir seiner Allmacht vertrauen

Im Matthäusevangelium 10,28–31 heißt es:

Habt keine Angst vor den Menschen, die zwar den Körper, aber nicht die Seele töten können! Fürchtet vielmehr Gott, der beide, Leib und Seele, dem ewigen Verderben in der Hölle ausliefern kann. Welchen Wert hat schon ein Spatz? Man kann zwei von ihnen für einen Spottpreis kaufen. Trotzdem fällt keiner tot zur Erde, ohne dass euer Vater davon weiß. Bei euch sind sogar die Haare auf dem Kopf alle gezählt. Darum habt keine Angst! Ihr seid Gott mehr wert als ein ganzer Spatzenschwarm.

Nicht einmal der kleinste Vogel stirbt, ohne dass Gott es weiß. Wir können darauf vertrauen, dass Gott sieht, was mit uns geschieht. Er wird es zu unserem Besten wenden. (Römerbrief 8,28 HfA)

Wir sollten über den Übeltäter hinweg auf die Hand Gottes in der Situation sehen. Josef musste leiden, aber Gott machte etwas Gutes daraus (1. Mose 45,5–7). Gott kommt zu seinem Ziel trotz böser Absichten der Menschen. Selbst ineffektive und ungerechte Regierungen stehen unter der souveränen Kontrolle Gottes. *„Das Herz des Königs ist wie ein Bach, vom Herrn gelenkt; er lässt ihn fließen, wohin er will"* (Sprüche 21,1 Neues Leben).

Gott sagt, dass unser Leben nicht uns gehört. Bevor wir geboren wurden, wusste Er schon, wann wir einmal sterben werden. (Psalm 139,15–16). Wenn wir in einer heiklen Situation überleben, während andere sterben müssen, bedeutet das, dass Gott noch etwas mit unserem Leben vorhat.

B. Gott möchte, dass wir andere so sehen, wie Er sie sieht

Wir sollten uns darum bemühen, unsere Mitmenschen mit Gottes Augen zu sehen: wertvoll und einzigartig, nach seinem Ebenbild gemacht (1. Mose 1,26–27). Die ethnischen Vorurteile, mit denen wir aufgewachsen sind, hindern uns oft daran zu tun, was Gott gefällt. Deshalb sollten wir sie bewusst aufgeben. Alte Muster der Beurteilung anderer Gruppen müssen weichen; sie sind nicht in Gottes Sinn und verursachen nur Streit und Entzweiung.

Die Heilige Schrift macht klar, dass Gott keine Lieblingsmenschen hat, er liebt alle gleich (Römerbrief 2,11).

Petrus begann zu sprechen: »Wahrhaftig, jetzt begreife ich, dass Gott keine Unterschiede macht! Er liebt alle Menschen, ganz gleich, zu welchem Volk sie gehören, wenn sie ihn nur ernst nehmen und tun, was vor ihm recht ist.« (Apostelgeschichte 10,34–35)

C. Gott möchte, dass wir Liebe zeigen, anstatt uns zu rächen

Im Römerbrief 12,19–21 heißt es:

Liebe Freunde, verschafft euch nicht selbst Recht. Überlasst vielmehr Gott das Urteil, denn er hat ja in der Heiligen Schrift gesagt: »Es ist meine Sache, Rache zu üben. Ich, der Herr, werde ihnen alles vergelten.« Handelt so, wie es die Heilige Schrift von euch verlangt: »Wenn dein Feind hungrig ist, dann gib ihm zu essen; ist er durstig, gib ihm zu trinken. So wirst du ihn beschämen.« Lass dich nicht vom Bösen besiegen, sondern besiege das Böse durch das Gute. (HfA)

Wir müssen uns nicht für das Böse rächen, das andere uns und unseren Familien angetan haben. Wir sollen Liebe zeigen und das Strafen Gott

 10. Konflikte zwischen (ethnischen) Gruppen

überlassen (Matthäusevangelium 5,38–42). Rache bringt uns keinen Frieden ins Herz und bringt auch nicht zurück, was uns genommen wurde. Rache setzt nur die Spirale der Gewalt weiter fort.

Jedes menschliche Leben ist heilig, weil es Gottes Ebenbild widerspiegelt (1. Mose 1,27). Wir haben kein Recht, es zu zerstören oder zu misshandeln. Allerdings kann es notwendig werden, unser Leben oder das Leben anderer zu verteidigen.

Die größte Stärke bewies Jesus, als Er sich seinen Gegnern völlig ungeschützt auslieferte und sich verwundbar machte (1. Petrusbrief 2,21–23). Leute wie Mahatma Gandhi in Indien, Nelson Mandela in Südafrika und Martin Luther King Jr. in den USA haben Regierungen herausgefordert, indem sie sich gegen das Böse wehrten, ohne Gewalt anzuwenden. Diese Bewegungen korrigierten weit verbreitete Ungerechtigkeit effektiver, als eine gewalttätige Reaktion es hätte tun können.

D. Gott möchte, dass wir uns von ihm Kraft schenken lassen

In Konfliktzeiten brauchen wir das Wort Gottes, um uns verändern zu lassen. Wir können unsere seelischen Verletzungen vor Gott bringen, vielleicht in einer Klage. Eine Zeit lang der Situation den Rücken kehren und an einem ruhigen, einsamen Ort Zeit mit Gott im Gebet verbringen, kann unser seelisches Gleichgewicht wiederherstellen.

Jesus ging uns mit gutem Beispiel voran:

Jesus sagte zu ihnen: »Kommt jetzt mit, ihr allein! Wir suchen einen ruhigen Platz, damit ihr euch ausruhen könnt.« Denn es war ein ständiges Kommen und Gehen, sodass sie nicht einmal Zeit zum Essen hatten. (Markus 6,31)

Gleich darauf drängte Jesus seine Jünger, ins Boot zu steigen und nach Betsaida ans andere Seeufer vorauszufahren. Er selbst wollte erst noch die Menschenmenge verabschieden. Als er damit fertig war, ging er auf einen Berg, um zu beten. (Markus 6,45–46)

Auch in einer Austauschgruppe kann Gott uns mit neuer Kraft beschenken. Es tut gut, miteinander über unseren emotionalen Schmerz zu sprechen und füreinander zu beten (Galaterbrief 6,2). Allerdings sollten wir darauf achten, dass die Situation nicht so geschildert wird, dass sich noch mehr Bitterkeit ausbreitet.

4. Wie können wir Versöhnung fördern?

ÜBUNG: DIE BRÜCKENBAUER

Markieren Sie einen imaginären Fluss in der Mitte des Raumes und bilden Sie zwei Gruppen. Eine Gruppe befindet sich links, eine rechts vom Fluss. Die Gruppen stehen miteinander im Konflikt. Geben Sie nun beiden Gruppen Gelegenheit, ein Symbol für eine Aktion zu finden, die zum Bau einer Brücke zwischen den beiden Gruppen beiträgt. Lassen Sie jede Gruppe ihr Symbol erklären, während sie es auf den Fluss legt. Ergänzen Sie dann Punkte aus der folgenden Liste, die noch nicht erwähnt wurden.

A. Wir können selber eine Brücke zwischen Konfliktparteien werden

Gott hat uns als soziale Wesen geschaffen. Von Natur aus haben wir das Bedürfnis, zu einer Gruppe zu gehören. In Konfliktsituationen kann es sein, dass wir dieses Bedürfnis zurückstellen müssen, damit wir eine Brücke zwischen zwei verfeindeten Gruppen werden können. Zum Beispiel können wir in einer Notsituation beiden Gruppen Lebensmittel oder andere Ressourcen zukommen lassen, unabhängig davon, auf welcher Seite des Konflikts sie stehen.

Gott fordert uns auf, unsere Feinde zu lieben (Matthäusevangelium 5,43–48). Wenn wir das tun, haben wir keine Feinde mehr; alle Menschen werden dann zu Brüdern und Schwestern. Unsere Feinde zu lieben, kann uns allerdings auch in Gefahr bringen. Vielleicht wollen sie uns schaden, einfach weil wir in ihren Augen eben Feinde sind. Oder die Leute aus unserer eigenen Gruppe richten sich gegen uns, weil wir uns mit ihren Feinden angefreundet haben. Auch die eigenen Familienmitglieder können uns aus diesem Grund verurteilen.

Wenn wir in solch einer Situation keine anderen Friedensstifter kennen, kann es sein, dass wir außer Gott keinen Freund haben (Matthäusevangelium 5,9). Das kann uns das Gefühl geben, dass wir wirklich Fremde sind in dieser Welt (Hebräerbrief 11,13–16).

Wollen wir eine Brücke zwischen zwei verfeindeten Gruppen schlagen, so müssen wir uns bemühen, den Schmerz zu verstehen, den jede Gruppe aus ihrer Sicht erlitten hat. Dann können wir versuchen, jeder Seite den Schmerz der anderen verständlich zu machen. Wir können ihnen auch helfen, ihre Vorurteile abzubauen und die anderen als ebenbürtige Menschen zu sehen (Römerbrief 12,17–21). Wenn wir zu stark auf eine Seite hören, besteht die Gefahr, dass wir nur ihre Sicht der Dinge sehen. Wir sollten Zeit mit beiden Seiten verbringen, damit wir die Perspektive beider Seiten verstehen.

B. Wir können den Menschen zeigen, wie sie persönlich Heilung und Vergebung finden können

In einer Konfliktsituation haben alle Beteiligten seelische Verletzungen. Sie sollten vor Gott gebracht werden, damit Er sie heilen kann. Haben Menschen gegen andere gesündigt, so sollten sie Reue zeigen und Gott und die betroffenen Personen um Vergebung bitten.

C. Wir können den Menschen helfen, im Namen ihrer Gruppe um Vergebung zu bitten

Viele der schlimmsten Dinge, die in der Welt geschehen, werden nicht von einzelnen Personen verursacht, sondern von Gruppen: ethnische oder religiöse Gruppen, Staaten usw. Selbst wenn wir persönlich nicht an dem Unheil beteiligt waren, sollten wir als Gruppenmitglieder vor

Gott Reue zeigen für das Leid, das unsere Gruppe verursacht hat. Dann sollten wir auch im Namen unserer Gruppe diejenigen um Vergebung bitten, denen das Leid angetan wurde. In der Heiligen Schrift machten das viele Propheten stellvertretend für ihr Volk (Daniel 9,4–9; Nehemia 9,1–37; Esra 9,5–15; 3. Mose 26,40). Auch aus unserer Zeit gibt es Beispiele dafür: Deutsche, die die Holländer um Vergebung bitten für das, was sie ihnen während des zweiten Weltkriegs angetan haben; weiße Südafrikaner, die die Dunkelhäutigen ihres Landes um Vergebung bitten; Amerikaner, die die indianischen Ureinwohner um Vergebung bitten. Wenn eine Gruppe um Vergebung bittet, merkt die andere oft, dass auch sie schuldig geworden ist und bittet ihrerseits um Vergebung. Daraus kann echte Versöhnung entstehen.

D. Wir können den Gruppen helfen, die Probleme offen zu besprechen und gemeinsam nach Lösungen zu suchen

Die dem Konflikt zugrundeliegenden Probleme sollten angesprochen werden, wenn beide Gruppen die seelischen Verletzungen weitgehend überwunden haben. Dabei sollten die Gruppen zusammenarbeiten und im ehrlichen Austausch eine Lösung finden, die fair und für beide Seiten akzeptabel ist.

Kein Problem ist so klein, dass es nicht beachtet werden müsste. Auch kleine Probleme können sich zu großen Konflikten entwickeln, wenn sie nicht gelöst werden.

E. Einheit muss gefeiert werden

Wenn Barrieren zwischen Menschen niedergerissen sind, sollte das zusammen gefeiert und Gott dafür gedankt werden (Psalm 133,1).

ABSCHLIEßENDE DISKUSSION

Tauschen Sie sich in Kleingruppen darüber aus, welche praktischen Schritte unternommen werden könnten, um mögliche Konflikte in Ihrer Umgebung zu lösen und Versöhnung zu schaffen. Beten Sie für Ihre Feinde, falls Sie welche haben (1. Petrusbrief 4,8).

FEIERLICHER AKT: UM VERGEBUNG BITTEN UND ANDEREN VERGEBEN

Diese Aktivität kann eingesetzt werden, wenn es speziell um Vergebung geht. In den meisten Kursen wird jedoch stattdessen die Symbol-Handlung „Den Schmerz zu Gott bringen" aus Kapitel 8 durchgeführt.

Bitte beachten Sie im Handbuch für Kursleiter den Abschnitt „Folgendes sollte vorher überlegt und bereitgestellt werden". (Es geht u.a. darum, ob die Zettel, auf die die seelischen Verletzungen geschrieben wurden, verbrannt oder in Wasser aufgelöst werden.)

Einführung:

Beginnen Sie mit einem Lied. Lesen Sie dann den folgenden Text laut vor (ohne die Angaben zu den jeweiligen Abschnitten im Wort Gottes in Klammern zu erwähnen):

Wir hatten Zeit, um über seelische Verletzungen zu reden. Vielleicht haben Sie den einen oder anderen Schmerz entdeckt, den Sie selbst mit sich herumtragen. Oder Ihnen ist klargeworden, dass sich in Ihnen Bitterkeit festgesetzt hat, weil Sie denen, die Ihnen Schmerzen zugefügt haben, noch nicht vergeben konnten. Oder Sie haben gemerkt, dass Sie andere verletzt haben und um Vergebung bitten sollten. In dieser Einheit wird es Gelegenheit geben, unseren Schmerz, unsere Schuld und Scham vor Gott zu bringen, Ihn darum zu bitten uns zu vergeben und uns zu helfen anderen zu vergeben.

Wir haben gelernt, dass Vergeben bedeutet, den uns zugefügten Schmerz zuzugeben und vor Gott zu bringen. Wir wissen auch, dass Gott möchte, dass wir anderen vergeben. In dem Gebet, das Jesus seinen Nachfolgern lehrte, steht: *„Vergib uns unsere Schuld, wie auch wir denen vergeben, die an uns schuldig geworden sind"* (Matthäusevangelium 6,12). Oder denken wir an die Worte Jesu: *„Euer Vater im Himmel wird euch* *vergeben, wenn ihr den Menschen vergebt, die euch Unrecht getan haben. Wenn ihr ihnen aber nicht vergebt, dann wird Gott auch eure Schuld nicht vergeben.*" (Matthäusevangelium 6,14–15 HfA)

Anderen zu vergeben, macht uns frei selber Gottes Vergebung zu empfangen. Es macht auch deutlich, dass wir verstanden haben, wie viel Gott uns vergeben hat.

Wir wissen auch, dass Gott bereit ist uns zu vergeben, wenn wir umkehren. In der Heiligen Schrift steht: *„Wenn wir aber unsere Sünden bekennen, dann erweist sich Gott als treu und gerecht: Er wird unsere Sünden vergeben und uns von allem Bösen reinigen.*" (1. Johannesbrief 1,9 HfA)

Jesus weiß, wie schwer die Sünde in unserem Leben und im Leben anderer wiegt, er hat sie ja selber getragen. Unser Leben soll jetzt die Vergebung reflektieren, die Jesus uns anbietet. Hören wir auf Gottes Wort:

Liebe Freunde, verschafft euch nicht selbst Recht. Überlasst vielmehr Gott das Urteil, denn er hat ja in der Heiligen Schrift gesagt: »Es ist meine Sache, Rache zu üben. Ich, der Herr, werde ihnen alles vergelten.« Handelt so, wie es die Heilige Schrift von euch verlangt: »Wenn dein Feind hungrig ist, dann gib ihm zu essen; ist er durstig, gib ihm zu trinken. So wirst du ihn beschämen.« Lass dich nicht vom Bösen besiegen, sondern besiege das Böse durch das Gute. (Römerbrief 12,19–21 HfA)

Im ersten Teil dieser Einheit wollen wir Zeit alleine mit Gott verbringen. Dann wird es Gelegenheit geben, sich in einer kleinen Gruppe auszutauschen und zu beten. Schließlich werden wir unsere Bitterkeit, unsere Scham, unsere Schuld, unseren seelischen Schmerz oder auch unsere Bitte um Vergebung vor Gott bringen.

Suchen Sie sich jetzt einen stillen Platz, wo Sie eine Zeit lang allein sein und auf Gott hören können. Gibt es Bitterkeit in Ihrem Herzen oder eine schmerzliche Erinnerung, die Sie mit sich herumtragen? Gibt es jemand, dem Sie vergeben sollten? Oder haben Sie jemand verletzt, den Sie um Vergebung bitten sollten? Haben Sie sich selbst vergeben? Schreiben Sie auf, was Ihnen dazu einfällt: alles, was Sie an Gott abgeben oder Ihm bekennen möchten, alles, wofür Sie um Vergebung bitten möchten und alles, was Sie anderen vergeben möchten.

Zeit zum Nachdenken (15–20 Minuten)

Teilen Sie sich in Gruppen von zwei bis drei Personen auf und tauschen Sie sich miteinander aus – so viel oder so wenig Sie möchten. Es ist nicht nötig, Menschen beim Namen zu nennen oder Situationen genau zu beschreiben. Beten Sie dann füreinander.

Austausch in Kleingruppen (15–20 Minuten)

👥 Rufen Sie die Teilnehmer wieder zusammen. Singen Sie ein Lied, das Vertrauen und Hingabe an Gott zum Thema hat.

Wir bringen unsere Bitterkeit, unsere Scham, unsere Schuld und unseren seelischen Schmerz zu Gott. (10 Minuten)

👥 Sagen Sie zur Gruppe:

Brüder und Schwestern, Jesus ist da, um uns Heilung zu bringen, um uns zu befreien von unserer Scham, von unserer Schuld, von unseren schmerzlichen Erinnerungen und von unserer Bitterkeit, damit wir vergeben können, wie Er uns vergeben hat.

Die Heilige Schrift sagt, dass Er uns vergibt, wenn wir Ihn darum bitten. Sie sagt aber auch:

Ertragt einander! Seid nicht nachtragend, wenn euch jemand Unrecht getan hat, sondern vergebt einander, so wie der Herr euch vergeben hat. (Kolosserbrief 3,13)

Jesus, unser Heiler, ermutigt uns dazu, unsere Last bei Ihm abzulegen. Er sagt: »*Kommt alle her zu mir, die ihr müde seid und schwere Lasten tragt, ich will euch Ruhe schenken. Nehmt mein Joch auf euch. Ich will euch lehren, denn ich bin demütig und freundlich, und eure Seele wird bei mir zur Ruhe kommen.*« (Matthäusevangelium 11,28-29 Neues Leben)

Wir können jetzt alles, was wir aufgeschrieben haben, zu Gott zu bringen. Es ist ein Zeichen,

- dass wir unsere Bitterkeit aufgeben und denen vergeben wollen, die uns verletzt haben;

- dass es uns leid tut, wenn wir andere verletzt haben und dass wir uns ändern wollen;
- dass wir unseren Schmerz bei Gott abgeben und Ihn bitten, uns davon zu befreien;
- dass wir Gott um Vergebung bitten und uns auch selbst vergeben.

Wenn Sie bereit sind, bringen Sie Ihren Zettel zum Karton, zum Korb oder zur Schüssel. Dabei können Sie innerlich beten: „Weil Du, Gott mächtig bist, weil Du mich liebst und weil Du die Last der ganzen Welt tragen kannst, will ich Dir meine Last, meinen Schmerz, meine Scham, meine Bitterkeit und meinen inneren Schmerz übergeben. Ich bitte Dich: heile mich.“

Wenn alle Zettel nach vorne gebracht wurden, lesen Sie das folgende Gebet vor:

Allmächtiger und barmherziger Vater,
wir sind von deinen Wegen abgeirrt wie verlorene Schafe.
Oft sind wir den Anregungen und Wünschen des eigenen Herzen gefolgt.
Wir haben deine heiligen Gebote übertreten,
wir haben Dinge, die wir hätten tun sollen, nicht getan
und wir haben Dinge getan, die wir nicht hätten tun sollen.
Herr, hab Erbarmen mit uns.
Vergib denen, die ihre Übertretungen bekennen,
befreie diejenigen von ihrer Schuld, die um Vergebung bitten,
wie du es uns zugesagt hast.
Hilf uns, barmherziger Vater,
dass wir von jetzt an ein Leben führen können, wie es dir gefällt,
zur Ehre deines heiligen Namens. Amen.

Bringen Sie gegebenenfalls jetzt die Zettel zum Verbrennen nach draußen.

Wenn die Zettel verbrannt wurden, können Sie sagen: „Unser Leid, unsere Bitterkeit, unsere Schuld und Scham sind zu Asche geworden.“

Wenn wasserlösliches Papier benutzt wurde, können Sie sagen: „Unser Leid, unsere Bitterkeit, unsere Schuld und Scham haben sich aufgelöst.“

Das Wort Gottes sagt: „*So fern der Osten vom Westen liegt, so weit entfernt er die Schuld von uns.*“ (Psalm 103,12)

Gott will uns befreien von unserer Last. Er will unsere Mutlosigkeit in Jubel verwandeln. Der Prophet Jesaja schrieb:

Der Geist des HERRN ruht auf mir, weil er mich berufen und bevollmächtigt hat. Er hat mich gesandt, den Armen die frohe Botschaft zu bringen und die Verzweifelten zu trösten. Ich rufe Freiheit aus für die Gefangenen, ihre Fesseln werden nun gelöst und die Kerkertüren geöffnet. Ich rufe ihnen zu: »Jetzt erlässt der HERR eure Schuld!« Doch nun ist auch die Zeit gekommen, dass unser Gott mit seinen Feinden abrechnet. Er hat mich gesandt, alle Trauernden zu trösten. Vorbei ist die Leidenszeit der Einwohner Zions! Sie streuen sich nicht mehr voller Verzweiflung Asche auf den Kopf, sondern schmücken sich mit einem Turban. Statt der Trauergewänder gebe ich ihnen duftendes Öl, das sie erfreut. Ihre Mutlosigkeit will ich in Jubel verwandeln, der sie schmückt wie ein Festkleid. Wer sie dann sieht, vergleicht sie mit Bäumen, die Gott selbst gepflanzt hat. Man wird sie »Garten des HERRN« nennen, an dem er seine Größe und Macht zeigt. Sie werden alles wiederherstellen, was vor vielen Jahren zerstört wurde und seither in Trümmern liegt. Die zerfallenen Städte, die seit Generationen Ruinen sind, bauen sie wieder auf. (Jesaja 61,1–4 HfA)

Lobpreis und Abschluss

Singen Sie ein Loblied.

Geben Sie in der großen Gruppe Gelegenheit zum Austausch über die guten Dinge, die Gott getan hat. Falls es in der Gruppe Personen gibt, die einander vergeben sollten, ermutigen Sie sie, das zu tun, und geben Sie Gelegenheit dazu. Schließen Sie dann mit Gebet.

Alternative, wenn es sich um Konflikte zwischen ethnischen oder anderen Gruppen handelt

Wenn es um Konflikte zwischen ethnischen Gruppen geht, treffen sich die Gruppen, die in Konflikt miteinander stehen, am besten getrennt voneinander für die Zeit der Besinnung. Jede Gruppe soll darüber nachdenken, welche Verletzungen ihre Gruppe der/den anderen Gruppe/n zugefügt hat; ob sie Bitterkeit gegenüber der/den anderen Gruppe/n empfindet und ob sie bereit ist, sich im Namen ihrer Gruppe davon zu lösen und sie an Gott abzugeben.

Während der Zeit des Austausches und Gebets in der großen Gruppe sollte ein Sprecher jeder Gruppe die Sünden oder die Bitterkeit seiner Gruppe bekennen. Dann können die Gruppen füreinander beten. Anschließend kann jede Gruppe ihre Zettel zum Verbrennen zu Gott bringen. Schließen Sie dann die Aktivität wie oben angegeben. Betonen Sie die Aufforderung zu einem Neuanfang, wie es in Jesaja 61,4 beschrieben ist.

Egal um welche Art von Konflikten es sich handelt, dieser einmalige Akt des Vergebens reicht vermutlich nicht aus. Wahrscheinlich wird es notwendig sein, den Entschluss zu vergeben und loszulassen immer wieder neu zu fassen. Dieser Akt des Vergebens kann wiederholt werden, sooft es nötig ist.

TRAUMATISIERUNG – WAS PASSIERT IM GEHIRN?

Es gibt zwei Zentren im Gehirn, die für die Verarbeitung von traumatischen Erlebnissen wichtig sind.

Das erste Zentrum, **Amygdala** (= Amy), sammelt alle mit schlimmen Situationen verbundenen Eindrücke (Sehen, Hören, Riechen, Gefühle und Körperempfindungen). „Amy" bewertet auch die Gefährlichkeit einer neuen Situation und entscheidet über die weitere Verarbeitung.

Wenn dieses erste Zentrum entscheidet, dass die Situation erträglich ist, gibt es die Eindrücke an ein zweites Zentrum weiter, den **Hippocampus** (= Hippo). „Hippo" ordnet nun die Eindrücke nach Ort und Zeit ein und macht daraus eine zusammenhängende Geschichte. Das **Großhirn** verarbeitet die Geschichte weiter und der Mensch beginnt zu verstehen, was passiert ist. Dabei wird der anfangs hohe Stresspegel reduziert.

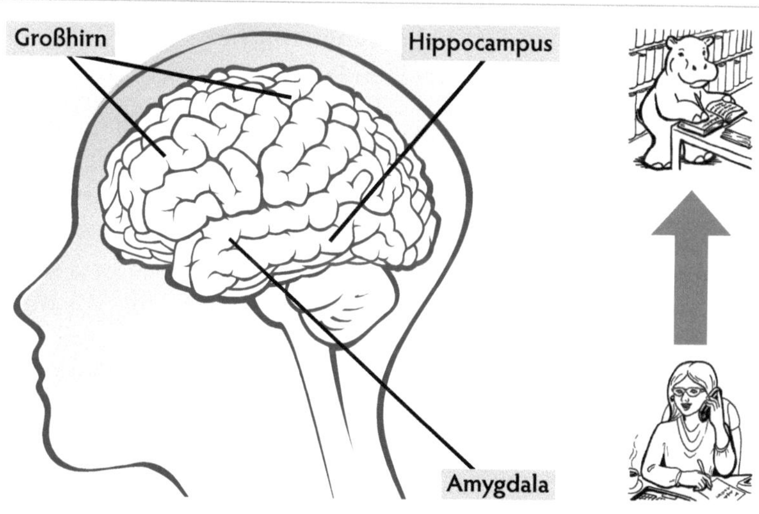

Wenn „Amy" gestresst und übererregt ist, wird die Verbindung zwischen „Amy" und „Hippo" unterbrochen. Jetzt werden die Eindrücke nur als einzelne Bruchstücke zusammenhanglos im ersten Zentrum gespeichert. Der Stress wird nicht mehr abgebaut, „Amy" ist emotional überwältigt.

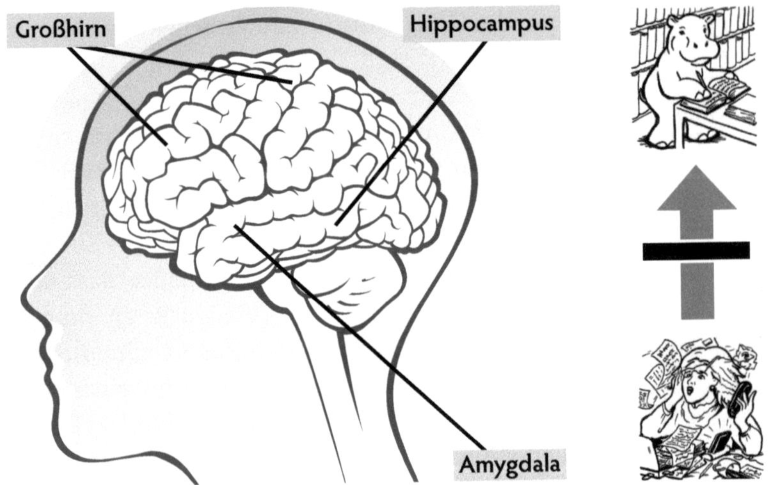

Die Unterbrechung der Verbindung zwischen „Amy" und „Hippo" hat folgende Auswirkungen:

- Sie bietet in einer lebensgefährlichen Situation Schutz, denn ohne „Hippos" Eingreifen kann der Mensch schneller reagieren – entweder er kämpft oder er flieht. Später, wenn die Verbindung wiederhergestellt ist, versucht man besser zu verstehen, was geschehen ist. Dabei denken viele darüber nach, was sie hätten anders machen sollen. Oft macht man sich dann Vorwürfe und bekommt falsche Schuldgefühle. Das ist völlig unberechtigt, denn das Denken geschieht im Großhirn und das war ja ausgeschaltet.
- Man kann das schlimme Erlebnis nicht einordnen und auch nicht verarbeiten. Man kann sich zwar bruchstückhaft daran erinnern,

aber es fühlt sich so an, als ob es gerade erlebt wird, auch wenn es schon länger zurückliegt.

- Wenn der Betroffene jetzt in eine Situation kommt, in der ihn auch nur eine Kleinigkeit an das schlimme Erlebnis erinnert, entsteht blitzartig hochgradiger Stress wie in der ursprünglichen Situation. Der Auslöser dafür kann eine innere Vorstellung sein oder etwas, was der Betroffene sieht, hört, riecht oder empfindet (körperlich oder seelisch). Den Auslöser nennt man „Trigger", das blitzartige Wiedererleben des Ereignisses „Flashback".

Die Folgen häufiger Flashbacks:

- Man versucht alles zu vermeiden, was einen an das schlimme Erlebnis erinnern könnte.
- Man ist überwachsam und angespannt, ständig in Übererregung, leicht reizbar, aggressiv, manchmal auch depressiv.
- Man hat Konzentrationsstörungen und Ein- und Durchschlafschwierigkeiten.
- Man hat Angstgefühle, Schmerzen ohne körperliche Ursache oder Körperempfindungen wie bei dem traumatischen Erlebnis.
- Man greift möglicherweise zu Alkohol und Drogen oder man verletzt sich selbst, um die Spannung abzubauen.

Bei einem schweren Trauma können Stress und Anspannung so groß werden, dass die sonst übliche Kampf- und Fluchtreaktion nicht mehr ausreicht. Dann reagiert der Körper mit Erstarrung.

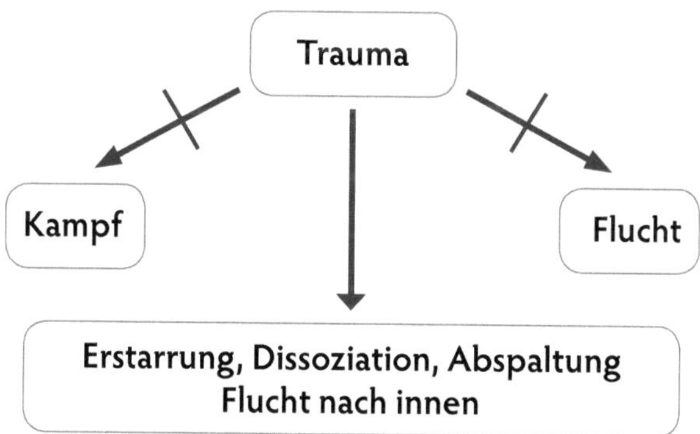

Man fühlt sich wie abgespalten von sich selbst, neben seinem Körper und erlebt alles aus der Ferne (Dissoziation). In der Erstarrung fühlt man sich wie eingefroren und unfähig, auf die Situation zu reagieren (Freeze).

Erinnerungen, die Flashbacks oder Erstarrung auslösen, können einen traumatisierten Menschen immer wieder einholen, und er kann sich zunächst nicht dagegen wehren.

Es ist wichtig, dass traumatisierte Menschen lernen, wie sie „Amys" Übererregung vermindern und damit erneut Sicherheit für Körper und Seele herstellen können. Dann kann der Betroffene auch seine Stärken und Fähigkeiten wieder einsetzen. Mit der Zeit kann er immer besser über die schlimmen Teile seiner Geschichte sprechen und allmählich ergibt die Geschichte immer mehr Sinn.

Diese Phase der Stabilisierung ist sehr wichtig und braucht meistens einige Zeit. Laien können einen großen Beitrag zur Stabilisierung leisten. Bei schweren Traumata braucht der Betroffene allerdings professionelle Hilfe.

Haben Menschen mit seelischen Verletzungen gelernt, „Amys" Übererregung zu vermindern, kommt die hilfreiche Verbindung zwischen „Amy" und „Hippo" wieder zustande. Dann können die einzelnen Bruchstücke wieder zusammengefügt werden und die seelische Verletzung kann heilen.

Erste Hilfe Maßnahmen bei Flashbacks und Dissoziation

Wenn Ihr Gegenüber Schlimmes fast ohne Emotionen berichtet und Sie befürchten, er/sie könne erstarren, gibt es verschiedene Möglichkeiten zur Re-Orientierung im Hier und Jetzt:

- „Augen auf! Schau mich an!"
- Datum, Uhrzeit und Ort nennen;
- Tief durchatmen (mitmachen oder kostenlose App „Atemübung" einsetzen);
- Umgebung achtsam wahrnehmen: Suche fünf gelbe, blaue, rote Gegenstände im Raum;
- 5–4–3–2–1–Übung (nenne 5 Dinge, die du hörst, siehst, fühlst, dann 4, 3, 2, 1);
- Reize setzen: Hören (Geräusch, Musik), Fühlen (Igelball), Schmecken (Schokolade mit Chili, Zitrone), Riechen (Minzöl);

          Anhang. Traumatisierung – was passiert im Gehirn?

- Aktivieren der linken Hirnhälfte: in 7-er Schritten rückwärts zählen (100–93–86–79...);
- Füße fest auf den Boden stellen, stampfen, Hände reiben;
- Aufstehen und ans Fenster gehen, Autos zählen;
- Etwas zu essen oder zu trinken anbieten;
- Gegenstand suchen, der ans Heute erinnert (z.B. Ehering);
- Überlegen, was eingekauft werden muss oder was es zum Abendessen gibt;
- Zusprechen: „Du bist in Sicherheit".

Wichtig: Den Betroffenen nur berühren (Hand, Schulter, Knie), wenn es vorher abgesprochen wurde! Sonst könnte er die Berührung als Angriff oder Bedrohung empfinden.

Dargestellt von Uschi Lautenschlager

HILFREICHE WEITERFÜHRENDE LITERATUR

Wild, Anne-Margret (2017): *Sonne für die Seele. Ein Selbsthilfebuch für traumatisierte Flüchtlinge*. TraumaHilfe Zentrum Nürnberg e.V. (In Arabisch, Dari, Englisch, Französisch, Paschto, Somali und Tigrinja).

Wild, Anne-Margret (2017): *Traumatisierte Flüchtlinge begleiten, Traumasymptome verstehen. Ein Handbuch für Fachkräfte in der Flüchtlingsarbeit. Ergänzung zum Selbsthilfebuch für traumatisierte Flüchtlinge*. TraumaHilfe Zentrum Nürnberg e.V. (In Arabisch, Dari, Englisch, Französisch, Paschto, Somali und Tigrinja).

Roderus, Ursula (2011): *Handbuch zur Traumabegleitung: Hilfen für Seelsorger, Berater, Therapeuten*. ASAPH.

Willmeroth, Ulrike; Roderus, Ursula (2010): *Berufen zum Königskind*. ASAPH.

WHO; WTF; WVI (2015): *Psychische Erste Hilfe. Handbuch*. Österreichisches Rotes Kreuz. http://apps.who.int/iris/bitstream/10665/44615/57/9789241548205_ger.pdf?ua=1 (Auch auf Arabisch, Chinesisch, Englisch, Farsi, Französisch, Griechisch, Japanisch, Kiswahili, Koreanisch, Niederländisch, Portugiesisch, Rumänisch, Serbisch, Sinhala, Slowenisch, Spanisch, Schwedisch, Tamil, Türkisch, Ukrainisch und Urdu).

Englisch
Frauke C. Schaefer; Charles A. Schaefer (2016): *Trauma & Resilience – a Handbook. Effectively Supporting Those Who Serve God*. Condeo Press.

National Child Traumatic Stress Network; National Center for PTSD (2006): *Psychological First Aid. Field Operations Guide 2nd Edition*. https://www.nctsn.org/resources/psychological-first-aid-pfa-field-operations-guide-2nd-edition

Weitere Bücher vom Trauma Healing Institute in der Reihe „Healing the Wounds of Trauma"
Harriet Hill; Margaret Hill; Richard Baggé; Pat Miersma (2016): *Scripture Companion Booklet for Trauma Healing*. American Bible Society.

Harriet Hill; Margaret Hill; Dana Ergenbright; Peter Edman (2016): *Healing the Wounds of Trauma. Classic Program Facilitator Handbook*. American Bible Society.

Kinder
Harriet Hill; Margaret Hill; Margi McCombs; Debbie Braaksma; Lyn Westman (2014): *Healing Hearts Club Story & Activity Book*. American Bible Society.

Harriet Hill; Margaret Hill; Margi McCombs; Debbie Braaksma; Lyn Westman (2014): *Healing Children's Wounds of Trauma: Facilitator's Book*. American Bible Society.

DANK

Als Koordinatorin dieses Buchprojekts möchte ich einer Reihe von Menschen danken, die dazu beigetragen haben, das Buch in die deutsche Sprache zu übertragen und an die Art der Traumabewältigung hierzulande anzupassen.

Da sind zunächst meine Mit-Übersetzer zu nennen: Ruth Waweru, Andreas Holzhausen und Gabi Weber. Ohne euch hätte ich nicht den Mut gehabt, dieses Projekt in Angriff zu nehmen. Danke!

Für die Korrektheit aus psychologischer und psychiatrischer Sicht haben sich Fachleute Zeit und Mühe genommen, das Rohmanuskript durchzulesen und ausführlich zu kommentieren bzw. mit mir zu besprechen: Dr. Frauke Schäfer, Dr. Andrea Schwalb, Dr. Andreas Rüggeberg, Dr. Ulrike Rüggeberg und Gerhard Burbach. Danke für eure wertvollen Anstöße und Rückmeldungen!

Für die Beratung aus islamischer Sicht danke ich von Herzen meinen Kollegen Dr. Eberhard und Brigitte Werner sowie Ali Nabhani.

Und was wäre dieses Buch ohne diejenigen, die es stilistisch verbessert und lektoriert haben? Dazu zählen Wolfgang Römer, Julia Kandasamy, Mette Lilienthal und insbesondere meine Kolleginnen Elke Meier und Melanie Reimer, die dem Buch den letzten Schliff gegeben haben. Danke für die Extrameile, die ihr zugunsten dieses Projekts gegangen seid!

Nicht zuletzt gilt mein Dank den Mitarbeitern des Trauma Healing Institute in Philadelphia. Harriet Hill, Mitautorin des englischen Buches und Leiterin des Instituts, hat den Veränderungen großzügig zugestimmt und Peter Edman hat sich geduldig um das Layout gekümmert.

Danke euch allen für eure Flexibilität und euer Engagement für dieses Buch!

Über allem gehört mein Dank Gott, der die Fäden zusammenhielt, zur rechten Zeit die nötigen Fachleute ins Spiel brachte und uns die Gesundheit und Kraft schenkte, dieses Projekt zu Ende zu bringen.

Er gebrauche das Buch in der Weise, dass Menschen mit seelischen Verletzungen heil und ihre Begleiter gesegnet werden!

Uschi Lautenschlager

ÜBER DIE AUTOREN

Die vier Autoren dieses Buches bilden seit 2002 Kursleiter für dieses Traumabewältigungsprogramm aus. Harriet Hill erhielt ihren Doktortitel in Interkulturellen Studien am Fuller Seminary. Sie arbeitet als Leiterin des Trauma Healing Institute in Philadelphia. Richard Baggé, Psychiater, bei SIL tätig, studierte am Jefferson Medical College und promovierte an der Duke University. Margaret Hill erhielt ihren Mastertitel von der University Manchester, GB und ist in den Bereichen Bibelübersetzung und Bibel im Gebrauch bei SIL tätig. Pat Miersma, Seelsorgerin bei SIL, erhielt ihren Master in der Fachkrankenpflege für Psychiatrie von der University of California in Los Angeles.

WER HINTER DIESEM PROGRAMM STEHT

Wycliff

Im Jahr 2018 nach Christus haben etwa 1600 Völker noch kein Wort der Bibel in ihrer Sprache. Das bedeutet: Millionen Menschen wissen nichts von dem Gott, der sie liebt.

Als gemeinnützige Organisation Wycliff Deutschland e.V. arbeiten wir mit über 150 Mitarbeitern in über 35 Ländern. Wir setzen uns dafür ein, dass Menschen aus unbeachteten Volksgruppen eine geeignete Schrift für ihre Sprache entwickeln können, dass sie eine theologisch und sprachwissenschaftlich fundierte Bibelübersetzung bekommen und dass Schulunterricht in der Muttersprache erteilt wird. Damit dies alles geschehen kann, arbeiten bei Wycliff neben Übersetzern und Sprachwissenschaftlern auch Lehrer, IT-Experten, Verwaltungsfachleute und viele andere mit.

Unsere Erfahrungen im Erlernen von Fremdsprachen und im Leben in fremden Kulturen setzen wir auch gerne in der Migranten- und Flüchtlingsarbeit in Deutschland ein. Wir bieten Gemeinden Seminare zu den Themen „Flüchtlinge lernen Deutsch" und „Integrationshindernisse verstehen" an. Auf unserer Website (www.wycliff.de/fluechtlinge) finden Sie Unterrichtsmaterial für einen beziehungsorientierten und ganzheitlichen Deutschunterricht, darunter auch Deutschlektionen zum kostenlosen Download. Außerdem gibt es dort immer wieder aktuelle Informationen zu Traumaschulungen. Ihre Fragen – 

auch zu anderen Sprachen, in denen das Buch „Traumatisierte Menschen begleiten" herausgegeben wurde – beantworten wir gerne.

Warum Wycliff das Programm „Traumatisierte Menschen begleiten" unterstützt und empfiehlt: Wir staunen immer wieder darüber, wie vielseitig dieses Programm einsetzbar ist. Menschen aus Afrika haben dadurch bereits genauso Hilfe erfahren wie Flüchtlinge aus dem Nahen Osten. Die Lektionen des Buches sprechen universelle menschliche Nöte an und bieten Perspektiven über alle Kulturgrenzen hinweg. Dr. Diane Langberg, Fachärztin für Psychiatrie und Psychologie, sagte sinngemäß: *Einer der wichtigsten Aufgabenbereiche der christlichen Gemeinde heutzutage sind traumatisierte Menschen.* Davor dürfen wir die Augen nicht verschließen. Mit diesem Buch hat die Gemeinde ein effektives Handwerkszeug, um traumatisierten Menschen zu helfen, wieder neue emotionale Kraft und Stabilität zu gewinnen.

Wycliff e.V.
Siegenweg 32
57299 Burbach

E-Mail: dff@wycliff.de
Internet: wycliff.de
Telefon: 02736 297-0

DMG

Die DMG interpersonal e.V. ist ein weltweit tätiges christliches Missions- und Hilfswerk mit Sitz in Sinsheim bei Heidelberg. Wir bieten engagierten Christen aller Generationen die Möglichkeit zu Einsätzen in anderen Kulturen. Derzeit sind 350 Mitarbeiter in 80 Ländern in Hilfsprojekten und kirchlich-missionarischen Aufgaben unterwegs. Wir helfen

ganzheitlich Menschen in Not und geben die gute Botschaft der Bibel weiter, passend zu unserem Motto: Damit Menschen Gott begegnen.

Schon Jahrzehnte kümmert sich die DMG auch um Flüchtlinge und Einwanderer in Deutschland. Seit der Flüchtlingswelle 2015/16 bauen wir dieses Engagement massiv aus, inzwischen sind mehr als 40 Vollzeitmitarbeiter in der Migrantenhilfe tätig. Gerne begleiten wir auch Ihre Gemeinde in dieser Hinsicht. Kommen Sie auf uns zu.

Geistlich sind uns die persönliche Freundschaftsbeziehung zu Jesus Christus wichtig, ein Leben auf der Grundlage der Bibel, das Gebet und der große Auftrag aus Matthäus 28:

Jesus sagte: »Mir ist alle Macht im Himmel und auf der Erde gegeben. Darum geht zu allen Völkern und macht sie zu Jüngern ...« (Matthäus 28,18–20, Neues Leben Bibel)

**Warum die DMG das Programm „Traumatisierte Menschen begleiten"
unterstützt und empfiehlt:** Wir helfen Geflüchteten praktisch und
seelsorgerlich, auch in der Traumabewältigung, und haben bereits gute
Erfahrungen mit diesem Buch und diesem Programm gemacht. Das
Programm ist biblisch und psychologisch fundiert und sehr interaktiv
gestaltet. Es ist trotz der tiefgehenden Themen in so unkomplizierter
Sprache gehalten, dass jeder den Inhalt verstehen kann. Darüber hinaus
schätzen wir die praktischen Hilfen im Buch und die geradlinige Heran-
gehensweise. Es ist ein einfaches, aber wirkungsvolles Werkzeug.

DMG interpersonal e.V.
Buchenauerhof 2
74889 Sinsheim

E-Mail: kontakt@dmgint.de
Internet: DMGint.de
Telefon: 07265 959-0

AMIN

Im Arbeitskreis Migration und Integration (AMIN) der Deutschen Evange-
lischen Allianz verbinden sich Christen aus Kirchen, Freikirchen, Gemeinden und Gemeinschaften sowie aus
christlichen Werken, um sich mit
Geflüchteten und Migranten für
deren praktische Bedürfnisse zu
engagieren. Sie organisieren sich

gemeindeübergreifend auf örtlicher Ebene und helfen Menschen fremder
Herkunft, sich in Deutschland zurechtzufinden. Es entstehen freund-
schaftliche Beziehungen, die sprachliche und kulturelle Unterschiede über-
brücken und den Weg der kleinen Schritte begleiten, damit Geflüchtete
sich für eine Zeit oder bleibend in Deutschland integrieren. Als Christen
unterschiedlicher Sprache und Kultur teilen sie Leben miteinander und
bezeugen offen und respektvoll ihren gemeinsamen Glauben an Christus.

Gerne helfen wir Ihnen in Fragen der Integration von Geflüchteten
und Migranten.

**Warum AMIN das Programm „Traumatisierte Menschen begleiten"
unterstützt und empfiehlt:** Helfer können in diesem Programm den
Weg der kleinen Schritte zur emotionalen Stabilisierung traumatisierter
Menschen begleiten. Beziehungen und Freundschaften spielen dabei eine
wichtige Rolle, aber auch Gespräche und verschiedene Übungen. Letztere

werden in diesem Buch vorgestellt, ebenso die Möglichkeit, dass man auch in Gruppen über Traumata reden kann.

Angenommen wird, dass mehrere zehntausend Geflüchtete eine professionelle Traumatherapie benötigen. Eine noch viel größere Zahl hat, verursacht durch die Flucht, unterschiedlich starke seelische Wunden davongetragen, die in vertrauensvollen Beziehungen und Gemeinschaften „Wundheilung" erfahren können. Wir ermutigen dazu, dass sich Christen und Gemeinden mit diesem Ansatz vertraut machen und sich in der Integrationsbegleitung mutig auf die heilende Kraft des Evangeliums einlassen.

Deutsche Evangelische Allianz e.V.
Esplanade 5-10a
07422 Bad Blankenburg

E-Mail: amin@ead.de
amin-deutschland.de
Telefon: 036741 2424

Trauma Healing Institute

Das „Trauma Healing Institute" ist Teil der Amerikanischen Bibelgesellschaft in Philadelphia, USA. Es rüstet eine weltweite Gemeinschaft von Helfern dazu aus, Menschen mit seelischen Verletzungen zu begleiten. Das Institut unterstützt lokale Gemeinden, nationale Bibelgesellschaften und andere christliche Nichtregierungsorganisation in ihrer Arbeit mit traumatisierten Menschen.

Warum das Trauma Healing Institute das Programm „Traumatisiserte Menschen begleiten" unterstützt und empfiehlt: Dieser Ansatz zur Traumabewältigung hat sich in den letzten zwei Jahrzehnten bewährt. Er macht sich Gottes Wort und psychologische Prinzipien zunutze, um geistige und seelische Verletzungen, die durch kriegerische Auseinandersetzungen, Katastrophen und Missbrauch entstanden sind, zu thematisieren. Wer nach zwei dreitägigen Schulungen mit diesem Programm arbeitet, ist gut ausgerüstet, um traumatisierten Menschen wirklich zu helfen.

Trauma Healing Institute
101 N. Independence Mall East
Philadelphia PA 19106 USA

traumahealing@americanbible.org
TraumaHealingInstitute.org